西安交通大学 本科"十四五"规划教材

表达与交流

（理工类）

主编 管晓宏

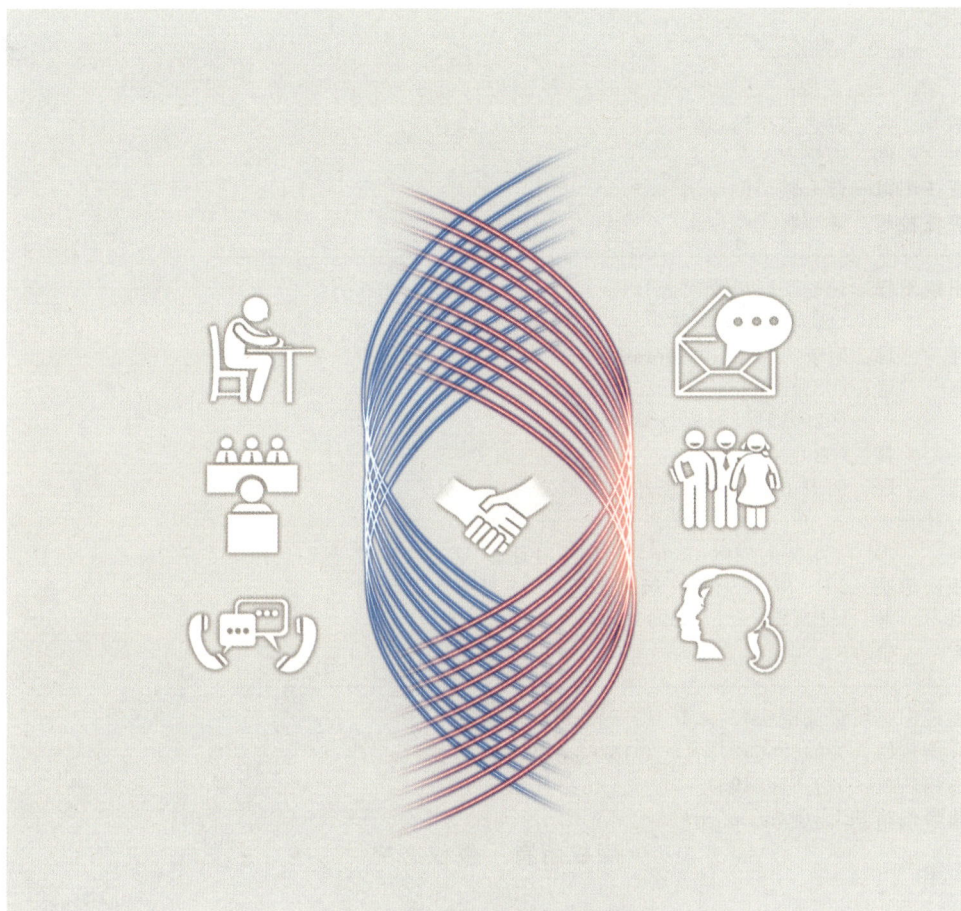

西安交通大学出版社
XI'AN JIAOTONG UNIVERSITY PRESS

图书在版编目(CIP)数据

表达与交流:理工类/管晓宏主编. —西安:西安交通大
学出版社,2019. 12
ISBN 978-7-5693-1841-8

Ⅰ.①表… Ⅱ.①管… Ⅲ.①汉语-口语-语言表达
-高等学校-教材 Ⅳ.①H193.2

中国版本图书馆 CIP 数据核字(2020)第 217800 号

书 名	表达与交流(理工类)	
主 编	管晓宏	
责任编辑	曹 昳 刘雅洁	
责任校对	陈 昕	

出版发行　西安交通大学出版社
　　　　　(西安市兴庆南路 1 号　邮政编码 710048)
网　　址　http://www.xjtupress.com
电　　话　(029)82668357　82667874(发行中心)
　　　　　(029)82668315(总编办)
传　　真　(029)82668280
印　　刷　西安市金雅迪彩色印刷有限公司

开　　本　720 mm×1000 mm　1/16　印张 15　字数 217 千字
版次印次　2019 年 12 月第 1 版　2019 年 12 月第 1 次印刷
书　　号　ISBN 978-7-5693-1841-8
定　　价　52.80 元

发现印装质量问题,请与本社发行中心联系、调换。
订购热线:(029)82665248　(029)82665249
投稿热线:(029)82664954
读者信箱:jdlgy@yahoo.cn

编 委 会

　　表达与交流的能力,是现代高等教育体系培养的各类人才应该具备的基本技能之一,对理工科专业本科生和研究生尤其重要。表达与交流能力在很大程度上影响科研人员和工程技术人员在科技团队中发挥的作用。工程教育认证标准中明确规定,学生毕业必须具备"沟通"能力。因此,培养大学本科生表达与交流能力是我国高等教育的基本职责。

　　2011年,西安交通大学组建了"表达与交流"课程组,由本人任负责人,20多位经验丰富的中青年教师任课程组成员。课程以提升学生表达与交流的基本能力为目标,自2012年起,面向西安交通大学理工科专业本科生开放,成为最先在国内理工科高校开设的同类核心通识课程之一。该课程课堂教学与实践并举,系统培养学生表达与交流能力。在充分调研世界一流大学相关课程设置和内容的基础上,课程涵盖表达与交流的重要性和基本原则、基本语言表达、书面写作、演讲报告、论文和应用文写作及表达与交流实践训练等部分。该课程不但包括系统完整的课堂教学,而且安排了大量学生写作和口头演讲实践学时,以及师生互动和翻转课堂学时。

《表达与交流（理工类）》一书，是课程组在多年使用的讲义基础上编写而成的教材，配合"表达与交流"课程教学，采用图文并茂的方式，涵盖表达与交流总论、表达与交流的核心要素、科技论文基础知识、科技论文的结构和内容、科技论文和报告的图表制作、演示文档制作与演讲表达、实用文写作等比较丰富的内容，共16章。

　　本书既有原则性论述，也有大量表达与交流实例，特别是结合编者在学术界和企业界的工作经验，让读者看到了很多职场中表达与交流的正反案例，为读者提供在典型场合的正确表达方式，提醒读者不犯常见的错误。

　　本书可用作表达与交流类课程教学的教材，也可作为科研人员和工程技术人员的参考书。

管晓宏

2019 年 12 月

目 录CONTENTS

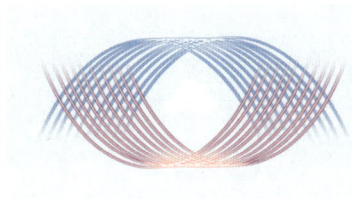

第一部分

绪　论

导学视频

第1章

表达与交流总论

1.1　表达与交流的功能和重要性

表达与交流是人与人之间思想和感情传递的桥梁、相互沟通的方式,是人与人之间消除误会、增进了解的手段,也是人类社会获取和分享知识、传承文明、实现社会发展和进步的基础。

马克思说:"人的本质不是单个人所固有的抽象物,在其现实性上,它是一切社会关系的总和。"[①]本质上,人的社会属性比人的自然属性更加重要。人是社会性动物,人的生存依赖集体。人又是社会活动的主体,是社会关系的承担者和体现者。人要生存在集体和社会中,就会与世界发生各种各样的关系,就必须对世界上的其他人表达交流思想与感情。人与人之间、个人与群体之间、群体与群体之间,都需要表达,都需要交流,这是人类生存的需要。

表达与交流是现代社会人必备的基本能力之一,也是现代高等教育体系培养的各类人才最基本的技能。现代管理学之父彼得·德鲁克说过:"一个人必须知道该说什么,一个人必须知道什么时候说,一个人必须知道对谁说,一个人必须知道怎么说。"

表达与交流能力对理工科本科生和研究生尤其重要。科学发展至现今阶段,科学家的个人能力固然十分重要,但科学研究团队的力量才是推动现代科学发展的主要动力。从欧洲原子能研究中心的高能物理重大研究项目、美国的激光干涉引力波探测计划到中国的球面射电天文望远镜项目,都证明了这一点。对大学理工科培养的科研人员和工程技术人员而言,表达与交流能力很大程度影响甚至决定了他们在科技团队中发挥的作用,提高表达与交流能力将伴

---

① 中共中央马克思恩格斯列宁斯大林著作编译局.马克思恩格斯选集:第 1 卷[M].2 版.
北京:人民出版社,1995:60.

随他们的整个职业生涯。教育部 2011 年发布的《工程教育专业认证标准（试行）》中，明确要求毕业生应该"具有一定的组织管理能力、较强的表达能力和人际交往能力以及在团队中发挥作用的能力"。

1.2　表达与交流的场合和形式

表达与交流贯穿于生活、工作和学习中。在生活中，吃穿住行的方方面面都需要表达与交流，人的喜怒哀乐需要与别人分享或倾诉，人在社会中的每一个活动都需要与他人和社会交流。人在各层次上的意愿都需要向别人表达，并得到别人的反馈。人的诉求需要与别人沟通交流，个人希望获得他人认同。

在工作和学习中，表达与交流是知识形成的重要手段，是人类进步的重要途径。人通过获得、识别自然界和社会的不同信息来区别不同事物，以便认识和改造世界。信息要上升为知识才能最终贡献于人类进步。这就需要科学准确地表达信息，验证正确性，使其在人类的交流过程中得到承认。

在学校生活中，表达与交流构建起同学和同学之间、同学和老师之间的桥梁。老师的传道、授业、解惑通过表达与交流进行。同学对知识的获取和对未知的追求通过表达与交流完成，同学和同学之间通过表达与交流增强智慧和情感，相互学习。

文章、演讲、美术、音乐、舞蹈等都是人类表达与交流的方式，形式不同，采用的手段也不同，但传承文明、传授知识和反映社会生活功能有共通之处。美术采用色彩、线条、造型等静态视觉方式，反映社会生活。音乐以代表乐声的音符为基本单元，构成有组织的结构和序列，形成旋律、和声、复调等声音形式，以表达人类的情感和思想。舞蹈用规范化、有组织的人体动作，形成舞蹈语汇，表达人类复杂的思想感情。美术、音乐、舞蹈等表达交流方式，需要一定的专业训练，所起的作用本质上与语言类同。

表达与交流包括口述和文字等形式。本质上讲，口说和文字等形式均是使得表达与交流更加充分的手段。不同的形式具有不同的特点。口说更讲究效率，文字更讲究精准；口说提供更直接的沟通平台，文字具有更广阔的受众范围。

电子邮件、演示文档、音视频会议、社交媒体等信息时代的交流方式和平台,正在成为主流的表达与交流形式。网络信息新平台上的表达与交流与传统形式有许多共同之处,也有信息时代的新特点。了解新媒体,掌握并熟练运用表达与交流的新工具,是理工科专业本科毕业生必须具备的能力。

1.3 表达与交流能力的重要性

由于人类的社会性,人与人、人与群体、群体与群体都需要表达和沟通。常常有人抱怨,"某某说了半天,也不知道说了什么";"为什么某某只是比我能写会说,就能得到领导的重用";"我也是这个意思,为什么他说出来的你懂,我说出来你就不明白";"同样的话,为什么某某说出来就让人爱听";等等。这些抱怨,实际上就是表达和交流能力欠缺的具体体现。

哈佛大学写作项目主任、人类学家 James Herron 博士说:"培养一个具有批判性思维的人,一直是美式教育最核心的目标,完善的写作训练是实现这一目标最有效的方式……写作课是唯一一门所有哈佛学生都上的必修课。"[2]《东方早报》曾刊登一位在剑桥大学留学的博士生的体会:"语言和写作决定人发展的潜力……不是说人人都要当作家或以文字工作为业,但不论是口头语言表达还是书面写作,能够找到合适的词汇和表达方式来传达自己想要传达的信息,这是在现代社会立足所必需的一种能力。"一位哥伦比亚大学中国留学生的经验:"在哥伦比亚大学,除了大一必修的写作课之外,学校还有一个'写作中心',两者都是'大学写作项目'的一部分。写作中心聘请一些哥大研究生作为兼职顾问,他们大都是文学、哲学专业,对写作兴趣浓厚的研究生。每个学生一周可以约见顾问一次。"

可见,表达与交流能力是现代高等教育体系培养各类人才的必备技能,被众多世界一流大学所公认,在其人才培养体系中占有重要位置。培养大学本科生的表达与交流能力是我国高等教育的基本职责。

表达与交流能力的培养是大学通识教育和综合能力培养的重要环节。通识教育是科学、人文、艺术全面素质的非专业性教育,重点应该培养有社会责任感的、全面发展的社会人和国家公民。通识教育是能力的积累、素质的训练和养成,对毕业生的职业生涯非常重要。理工科专业本科生应该具备从科技与社会之间的相互影响和作用中探索和发现问题的能力。我们不但应该培养学生在学科专业领域的交流与表达能力，还应该培养学生在人文、艺术与社会科学等多个方面的相应能力，以实现专业教育与通识教育在更高层次上的有机对接与融合，培养具有"厚基础、宽口径、高素质、强能力"特征，并能够适应新时期我国国民经济发展和现代化建设需要的创新人才。

1.4　理工科专业学生表达与交流能力培养存在的问题

表达与交流能力的培养不完全是高等教育的职责。欧美中等教育体系对表达与交流能力的培养十分重视。从初中高年级开始，有多种课程和课外活动强调领导力（Leadership）、人文素质、艺术修养的培养，其中团队合作和表达与交流是重要内容。例如，母语语文课程中有大量涉及社会实践活动的写作、口头表达训练。自然科学课程中不仅有传统的家庭作业，而且有大量以小组为单位的课程项目（Project），需要小组成员从查询资料开始合作完成，并向教师和全班其他同学以演讲的方式表述。

表达与交流能力的培养，涉及自然科学、社会科学、人文艺术等领域的通识教育和学生的综合素质，仅靠学习语文课是不够的。美国加州教育部门要求高中生必须修满基于实践的器乐演奏课或声乐演唱课学分，即修完表演艺术类课程（Performing Art）才能毕业。绝大部分高中生都有机会加入各类乐团并参加演出，从中学习对音乐的理解、诠释和表达，或者参加体育运动队的活动和比赛，锻炼在团队中的表达与交流。模拟联合国（Model UN）是美国中学生和大学生最重要的课外活动和比赛之一，学生们分成国别小组，通过查阅相关资料了解各国立场，然后模拟联合国安理会、国际原子能机构、联合国教科文组织等组织的活动进行演讲和辩论比赛。

由于我国中等教育受应试教育的影响，文理分班在中学教育中普遍实行，理科班与表达与交流能力相关的培养主要集中在应对高考的语文考试，能力的训练环节薄弱，理科课程也主要是针对高考，鲜有涉及表达与交流能力的课程项目作业等。

理科班学生进入大学后，基本不再学习母语语文课程，即使有少数大学为理工科专业本科生开设大学语文课程,也很少有涉及表达与交流能力培养的训练。根据编者在教学科研和学生工作实践中的经验,有一定数量本科生的表达与交流能力非常欠缺,典型表现在(不限于):

◇ 撰写综合实验类课程报告和本科毕业设计论文的能力欠缺,书面语言的逻辑性和连贯性欠缺;

◇ 不会写请假条等常用应用文,不会规范填写各类常见的申请表格;

◇ 不会撰写正式的电子邮件:主题和目的不明确,没有称谓和落款,格式和语气不恰当;

◇ 制作讲稿和演示文档讲述自己的观点时表达不清楚,演示文档中的图文关系不明确,演示文档不同幻灯片之间的逻辑结构不清晰;

◇ 协同完成一项任务时,因为沟通不畅,难以同心协力,等等。

例如,有的同学为获得研究生推荐免试资格联系老师,希望老师能成为自己的导师,但不知道如何恰当地表达自己的意愿,展示自己的优势;有的同学想请老师为自己写出国留学的推荐信,不知道应该用什么词汇恰当表达自己的请求,请老师"务必"在期限内完成并提交;有的同学想通过电子邮件索取同行论文中的详细资料,但不在邮件中写明自己的身份和单位,如同向对方写匿名信,因而极少得到回复,自己还不知道为什么。

理工科专业本科毕业生无论是直接走上工作岗位,还是继续在学校接受研究生学历教育,都必须具备基本的科技文献阅读、写作和表达能力,能够独立撰写出专业报告和论文,能够进行某个主题的多媒体讲稿制作和演讲。我国理工科专业本科教育对表达与交流能力的培养明显薄弱,仅靠指导教师在学生论文写作阶段进行训练,或者留给研究生培养阶段的导师或就业之后训练,不但不系统,而且可能为时已晚。

因此,尽早加强理工科专业本科生的表达与交流能力培养,有助于学生尽快形成表达与交流意识,促进学生专业知识的学习和未来职业发展。提高大学生的表达与交流能力,是本科通识教育不可推卸的责任。

1.5 国内外高校表达与交流能力培养和课程设置

世界一流大学对表达与交流能力的培养非常重视。欧美一流大学都以不同形式要求本科生掌握一定的写作技能和表达交流能力,并作为获得学士学位的必要条件。美国高校理工科专业的表达与交流能力培养通常从专业相关和非专业领域两个方面着手。对非专业领域表达与交流能力的培养,主要是要求学生选修人文、社会科学和艺术类课程,以拓宽学术视野,使学生熟悉并掌握文化精髓,了解各种文化间的互相影响,培养学生对艺术表现及表达交流的敏感性。

欧美一流大学都会开设表达与交流的相关课程并提供咨询和辅导,以培养学生表达与交流能力。许多学校为理工科专业本科生开设下列类型的课程[4-7]。

1. 加强阅读及写作能力的强化课

(1)强化阅读和理解能力,通过阅读多种类型的文章,包括报刊杂志文章,精选教科书、大众杂志的评论以及学术期刊论文等,来强化阅读理解的方法和技巧,培养学生撰写摘要、简报等文件的能力,引导学生从审稿人的角度理解论文和文件。

(2)讨论学术论文所涉及的语言规范,引导学生通过归纳方法,利用各种资料撰写学术论文,培养学生从多个角度挖掘和批判性地评价特定问题,学到总结、合成以及分析议论文的方法。

(3)针对科技领域表达与交流的特殊需要,指导学生学习如何为特定读者撰写科技资料,如何根据组织机构的需求,为企业、政府机构以及非营利组织撰写文件。

2. 以培养技术交流能力为目的交流课

交流课主要进行工程师的表达与沟通训练,学习如何进行团队合作和领导,如何设计团队结构,如何处理职业道德方面的问题;如何与来自单位内部、政府机关和机构的上级、同事、客户、非技术大众沟通专业性问题。课程为学生提供如何与机构或组织进行沟通的基础知识,要求学生在大量真实的语境中学习交流,如何设计交流策略以达到预期目标。此外还为学生讲授特殊科技文件的撰写方法,包括制作用户手册,分析及制作技术图表,撰写故障和事故报告等。

除此之外,很多学校都设置诸如写作中心等机构,为学生提供表达与交流的个性化和面对面咨询,指导学生如何写作,撰写就业相关的简历、工作职责、目标陈述以及简短论文。通过与学业导师面对面的交流,得到如何准备演讲报告的帮助。专业院系还经常举行讲座、开展针对专业课的写作训练以及特定演讲活动以帮助学生提高表达与交流能力。

编者根据调研,给出了欧美5所著名高校对表达与交流相关课程的要求①,见表1-1。

表1-1 欧美5所高校表达交流课程的设置

学校	学分要求	选课要求
MIT	交流加强课（Communication Intensive，CI）四门共168学时,42学时/门	四门交流加强课,可选两门人文社科交流课、两门专业交流课,必须在第一学年结束前完成一门CI课程,第二学年结束前完成两门CI课程,第三、四学年结束前分别完成三门和四门CI课程
CMU	240学时通识教育课,包含横向课程、纵向课程、非技术类选修课	每学期可修一门通识课 ①横向课程:人文、文化类,30学时;或者认知与制度,30学时;或者写作/表达,30学时(学术背景阅读与写作,说明文与议论文写作); ②纵向课程:人文、社会科学或美术,90学时; ③非技术类选修课60学时
UCB	共60学时	从两类阅读和写作课与另外四门相关人文社科类选修课中选
UMich	共60学时:写作及口头报告40学时,技术交流20学时	能够依据复杂的技术资料为不同读者设计和书写报告、建议以及备忘录 能够进行相关专业的书面报告以及口头演讲
IC	大三需选修人文、语言或商业类课程	包括文献阅读与理解、技术类写作、演讲、沟通和团队合作技能的培养等

资料来源:各大学官方网站。

注:MIT:Massachusetts Institute of Technology,美国麻省理工学院;CMU:Camegie Mellon University,美国卡内基梅隆大学;UCB:University of California, Berkeley,美国加利福尼亚大学伯克利分校;UMich:University of Michigan,美国密歇根大学;IC:Imperial College London,英国帝国理工学院。

————————————

① 根据各学校的学分要求和具体情况近似折算成国内本科课程学时,不一定准确。

国内知名高校已经逐渐意识到表达与交流能力培养的重要性。清华大学在2018年入学的新生中开设"写作与沟通"必修课,计划覆盖所有本科生,并力争面向研究生提供课程和指导。浙江大学要求工科类本科生必须修读一门"沟通与领导"类通识课程。复旦大学在本科生的通用学术英语课程中设置了"英语公众演说""研究论文写作""英语应用文写作"等课程。上海交通大学要求本科生须在人文学科中至少选修一门课程或2学分,人文学科中包含"公众表达""演讲与口才"等交流类课程。

针对国内在表达与交流能力通识教育存在的薄弱环节,西安交通大学自2012年开始实施加强本科生表达与交流能力的教学试点,组成了以本书编者为主的课程组,开设48学时的"表达与交流"课程,先后在电信学硕班、物理拔尖班、数学拔尖班进行了试点。自2015年开始,"表达与交流"课程成为电子与信息工程学院全体本科生的必修课。2016年,"表达与交流"课程成为西安交通大学基础通识类核心课程,面向全校开课,正逐步覆盖全体本科生。该课程的目标是培养学生阐述、表达的能力,使学生能够清晰、科学地描述专业及非专业领域的问题,准确表达自己的观点。同时,向学生传授专业及非专业领域论文的写作与发表、做演讲报告、撰写本科学位论文以及撰写电子邮件、个人简历和求职信等相关应用文的规则和方法。

小结

加强本科生表达与交流能力的培养是提升我国理工科专业通识教育水平的重大战略举措。希望理工科专业学生认识到,表达与交流能力是现代高等教育体系培养的各类人才的必备能力,表达与交流能力在很大程度上决定或影响自身今后的发展,提高表达与交流能力将伴随大家整个职业生涯。

参考文献

[1] 管晓宏,李凡,杨嘉琪,等.培养表达与交流能力是不可或缺的通识教育[J].通识教育评论,2019(1):77-87.

[2] 外滩教育.哈佛大学唯一必修课写作课是怎么上的?[EB/OL].(2015-06-09)[2020-05-06].http://edu.sina.com.cn/a/2015-06-09/1056260682.shtml.

[3] Registrar's Office of MIT. Communication requirement[EB/OL].[2018-1-12].https://registrar.mit.edu/registration-academics/academic-requirements/communication-requirement.

[4] Carnegie Mellon University College of Engineering. General education requirements[EB/OL].[2019-01-12].https://engineering.cmu.edu/education/undergraduate-programs/curriculum/general-education/index.html.

[5] Berkeley Academic Guide. Electrical engineering and computer sciences[EB/OL].[2019-01-12].http://guide.berkeley.edu/undergraduate/degree-programs/electrical-engineering-computer-sciences.

[6] Imperial College London. BEng electronic and information engineering[EB/OL].[2019-01-12].http://www.imperial.ac.uk/study/ug/courses/electrical-engineering-department/electronic-information-beng/#structure.

[7] 复旦大学教务处.复旦大学2017年本科教学培养方案(含查阅指南)[EB/OL].[2019-01-18].http://www.fdcollege.fudan.edu.cn/d0/5d/c9440a118877/page.htm.

第2章

表达与交流的核心要素

表达与交流贯穿于我们的生活与学习之中。进入大学学习阶段后,随着知识积累的迅速增长,知识专业面的快速细化,研究性学习方式的日益增加,对等信息传递方式占据越来越重要的地位[1-2]。学生与学生之间,学生与教师之间传递的更多是对方未知的信息,信息传递的对称性明显增强,提高表达与交流能力的需求也与日俱增[3]。

在潜移默化的学习过程中,每个人都会形成独特的表达与交流风格。但是,良好的表达与交流能力具有共同的核心要素。在上面的分析中,可以看到,表达与交流的本质是表达者完成向交流对象传递信息的任务。为了完成这一任务,表达者需要采用适于传递,且易于交流对象理解和接受的形式来表述信息。可以将表达与交流的核心要素归纳为:准确性、逻辑性、艺术性。其中,准确性要素是将拟传递的信息不失真地传达给交流对象,这是对于表达者表述信息的基本要求;逻辑性要素是传递的信息易于被交流对象提取,这是对于信息表述的结构要求;艺术性要素则是要求表达者能够根据交流对象的特征,采用合理的形式,使交流对象易于理解所传递的观点。显然,准确性和逻辑性属于表达与交流核心要素中的基本要求。艺术性则属于表达与交流核心要素中的更高要求,表达者在表达与交流中除了完成信息传递之外,还要完成更多的任务,比如希望交流对象接受表达者的观点。表达者主观影响任务的完成,很大程度上取决于表达与交流的艺术性。

2.1 表达与交流的准确性

准确性是表达与交流的核心要素,对于理工科专业学生来说尤为重要。理工科是科学地认识世界和改造世界的学科,信息传递不准确的直接后果可能会造成社会的经济损失甚至秩序破环。那么,究竟应该如何界定并理解表达与交流中的准确性呢? 为了回答这一问题,我们首先要定义表达与交流中的准确性,即:表达者发出的信息与表达者拟传递的信息之间不存在矛盾。因此,准确性是表达与交流的客观要求。我们需要从两个方面来解读准确性的定义。

首先是关于交流双方想要传递的信息:

(1)表达者拟传递的真实信息;

(2)表达者实际传递的信息(消息中包含的信息)。

显然,传递信息的准确性是指交流双方传递与接收信息的一致性,主要涉及表达者或传递者。不一致性只可能由一种情况导致,即表达者使用了不准确的信息表达方式。用通俗的话来讲,就是想说的是一回事,但听起来是另一回事,也就是我们常说的"词不达意"。

其次,准确性对于不同形式的表达与交流要求不尽相同。表达与交流的形式多种多样,包括论文、书籍、报告、书信、演讲、对话等,大体上可以分为两类:无交互的信息传递(例如论文、书籍等非面对面的交流)与有交互的信息传递(例如书信、演讲、对话等面对面的交流)。对于无交互的信息传递而言,拟传递信息与实际传递信息要求高度一致,同时保证信息传递的完整性,避免出现信息残缺的问题。而对于有交互的信息传递方式,实际传递信息与拟传递信息的一致性可以通过多次交互保障。显而易见,有交互的信息传递更易保证准确性。

准确性为表达与交流的基本要求,但达到这个基本要求并不容易。很多学生都存在词不达意、信息残缺、前后矛盾等问题。对于理工科学生而言,除了增强逻辑思维能力和语言综合表述能力之外,可以借助以下三方面专业能力的培养,来有效解决这些问题。

第一,增强利用精准的数学化语言进行描述的能力;

第二,增强使用代码化、图表化方式表述的能力;

第三,增强利用标准化、模式化语言描述方式的能力。

这些内容的学习与训练,将在后面的章节中详细介绍。

2.2　表达与交流的逻辑性

准确性是表达与交流的基本要求。但是,仅仅有准确的表达,并不一定能保证有效的交流。以科技论文为例,我们读某篇论文时,可能会感到行文晦涩,逻辑关系松散,叙述混乱,难于理解论文的主旨,更遑论内容细节。也许经过长时间耐心的分析梳理,我们最终可以理解作者所表达的含义。虽然论文作者的表达可能是准确的,但无法形成高效沟通,我们称这种表达缺乏逻辑性。因此,在准确性的基础上,逻辑性是表达与交流的更高要求。

表达与交流中的逻辑性,要求表达者在表述过程中,按照符合人们常规的认知与思维规律来组织信息表达。逻辑性表达的目的是便于交流对象快速地获取信息,高效地完成交流与沟通。常规的认知与思维规律形式多种多样:从信息表述结构的角度来看,包括总分、并列、对照、递进等方式;从信息的特殊性与一般性的关系来看,包括由面到点、由点到面、以点带面等方式;从信息的深入程度及演进趋势来看,包括由浅入深、深入浅出等方式;从信息内在的对比关系来看,包括由此及彼、由表及里等方式。

我们可以看到,与准确性不同,逻辑性的要求同时涉及了表达者与交流对象,连接双方的桥梁是"常规认知与思维规律"。然而,逻辑性并不要求双方直接沟通,而旨在通过"常规规律"这一间接联系来促进交流。因此,逻辑性本质上也属于表达与交流核心要素中的客观性要求。一般情况下,逻辑性强的表达,准确性也高。这是因为通常情况下,逻辑性要求更具挑战性,能够以清晰逻辑进行表述的表达者往往也能准确地描述信息。但是,准确性与逻辑性并不完全等同,看似合理的逻辑有时未必能够携带准确的信息。

在了解了逻辑性核心要素的要求后,我们来讨论逻辑性表达训练的要点。逻辑性本质上是贯穿表达过程中信息传递演进的主线。因此,逻辑性训练的重点就在于"去粗取精",即增强提取,培养凝练拟表达信息的提纲、框架、线索,并将其按常规认知规律有序组织的能力。在学习和训练过程中,应该重点关注以下要点:

（1）培养学生利用已有的文字与媒体信息处理工具梳理逻辑，整理结构；

（2）避免过于复杂的逻辑结构，敢于取舍，能舍弃细枝末节的信息；

（3）增强逻辑演进过程中的衔接，避免过于生硬的转换，以免交流对象对于原本合理的逻辑产生质疑；

（4）避免过度追求逻辑流畅性而伤害了表达的准确性，这一点对于演讲、面试、即兴发言等表达形式尤为重要。

逻辑性这一核心要素，在表达与交流中占据中心位置。表达逻辑在很大程度上会影响交流的效果。当然，逻辑性的训练不会独立存在，我们将和具体的表达与交流形式结合。上述的学习与训练要点，将融入本教材的各个章节中。

2.3　表达与交流的艺术性

良好的准确性和逻辑性可保证信息的有效传递。根据前面的讨论，准确性和逻辑性都属于表达与交流的客观要求。从客观上讲，满足了准确性和逻辑性的要求，信息的传递任务已经完成。但是，任何的表达与交流基本都有主观目的。例如，表达者希望说服交流对象接受自己的观点，亦或希望交流对象能够掌握传播的知识。仅有良好的准确性和逻辑性尚不足以有效地达到表达者的主观目的。交流对象也许能够快速地理解并获取表达者传达的信息，但未必认同表达者的观点。"说服对方"对于演讲、面试、对话等面对面的表达与交流十分重要。

如前所述，表达者所关注的准确性和逻辑性，仅依赖于拟传递的信息本身的特性，以及常规认知与思考规律。表达者若想达到交流的主观目的，需要进一步根据交流对象的特征，在不破坏准确性的前提下，选取合理的逻辑思路，灵活运用表述语言，以最有可能获得交流对象认同的方式进行表达，这就是表达与交流的艺术性。

表达的艺术性带有强烈的主观属性，方法和效果没有定式，这样给表达与交流能力的训练带来了挑战。当然，提高表达与交流的艺术性并非无迹可寻，我们可以从以下几个方面的学习和训练来提高：

（1）充分分析交流对象的核心特征，重点包括交流对象的知识背景，观点态度等；

（2）充分了解交流环境，重点包括交流对象的数量，交流场地的条件等；

（3）增强引导交流对象的能力，重点提高根据对方在沟通过程中的反应来调整表达方式的能力；

（4）增强交互过程中应对非预期问题的能力。

这里，前两项属于交流前的准备工作，而后两项更多依赖于表达者的应变能力和临场发挥。

表达与交流的艺术性构建在准确性与逻辑性之上，更倚重广泛的知识积累及丰富的交流经验。因此，加强表达与交流的艺术性，难以通过短期的学习和训练就取得质的提高。通过本书的学习，我们可以更深刻地体会何为优秀的表达与交流，从而进行更多有针对性的学习和训练。可以说表达与交流是一门实践艺术，有意识地长期坚持表达练习，实践交流，自我评估，不断改进，就一定能够提高表达与交流能力。

小结

本章深入讨论了表达与交流的三个核心要素——准确性、逻辑性、艺术性——的定义、内涵与训练要点。准确性是表达与交流的基础，逻辑性则是保障信息有效传递的桥梁，艺术性旨在二者基础上综合考虑交流对象的特点，为实现表达者主观影响提供更为有效的途径。三要素互相影响，有机耦合，是高效实施表达与交流的保证。

参考文献

[1] 石瑛,杜青平,李新喜,等."以学生为中心"互动课堂成功的关键[J].大学教育,
    2018(09):184-186.

［2］张继军."以学生为中心"的本科教学改革的微观实践与理论思考［J］.陕西教育
（高教），2020（06）：36－37.

［3］管晓宏，李凡，杨嘉琪，等.培养表达与交流能力是不可或缺的通识教育［J］.通
识教育评论，2019（1）：77－87.

第3章

表达与交流教学和学习实践

　　表达与交流课程的目标是培养学生阐述、表达的能力,使学生能够清晰、科学地描述专业及非专业领域的问题,准确表达自己的观点。同时,向学生传授专业及非专业领域论文的写作与发表,做演讲报告,本科学位论文、电子邮件、个人简历和求职信的撰写等相关的规则和方法,培养学生交流能力。

　　"表达与交流"课程共分为绪论、科技写作的核心要素、写作表达方法、如何做好演讲报告、实用文体写作和综合训练六部分。课程以科技领域的表达与交流为主要背景,向学生讲授相关规则、方法和技巧,以培养学生表达与交流科技信息的能力。课程定位为实践课,主要是阅读、写作、演示文档制作和演讲的训练及教师的批改、讲评。除课堂讲授外,本课程安排了大量研讨环节,供学生展示课外作业成果和做演讲报告。教师在研讨环节会对学生的课外作业进行点评,倾听学生演讲报告并进行讲评,使学生在不断实践及改进的过程中巩固所学知识、积累经验,以达到本课程培养、提高学生表达与交流能力的最终目标。

　　"绪论"主要讲授表达与交流能力的重要性,让学生了解本课程学习的目的和基本内容,通过实例让学生了解目前在传统媒介的阅读与写作、口头表达与交流及电子媒介的表达与交流中存在的典型问题,并举例说明如何改进本科毕业设计论文和专业电子邮件的表达。

　　"科技写作的核心要素"主要讲授科技论文写作的五个基本要素:科学性、贡献、可读性、信息量和学术道德,能够根据基本要素准确快速地把握科技论文的核心内容,提高学生的科技论文阅读能力。学生要完成阅读理解课外作业,总结科技论文要素。

　　"写作表达方法"主要讲授如何提高写作表达能力和科技论文的写作方法,使学生了解科技论文写作的特点,提高基本写作能力、学习资料搜集与归纳的基本方法,掌握科技写作的规范和标准,能够合理运用所学的各种方法完成一般文章及科技论文的写作。学生要完成读书报告、资料搜集与总结、专题写作等课外作业。

"如何做好演讲报告"主要讲授演讲报告构思与创作,演示文档的组织、逻辑、形式与表达,如何演讲等内容,使学生掌握演讲报告的基本技能,利用演示文档进行演讲的基本方法,了解各种类型演示文档的特点和常用技巧,能够根据自己所掌握的资料制作演示文档并完成演讲。学生要完成组织能力训练、演讲训练、团队合作表达训练等课外作业和课程实验。

"实用文体写作"主要讲授电子邮件、个人简历和求职信、会议日程和会议纪要等几种常见实用文体的写作方法。通过丰富的实例使学生在了解这几种文体的基本格式,掌握基本写作技巧的同时,能够灵活运用所学知识提高表达与交流能力。

"综合训练"主要是通过实践让学生练习和巩固所学内容。学生要完成设计制作演示文档、做演讲报告等环节。教师对学生提交的作业及演讲报告的表现给予点评和指导,使学生在此过程中加深对所学知识的理解,同时增强实际运用的能力。

我们希望学生通过该课程的学习,认识到加强表达和交流能力是大学生通识教育的重要环节,具备表达和交流能力是高层次科技人才的基本要求,通过学习和实践,完全能够掌握正确、娴熟的写作表达和口头演讲方法。

在教学实践中,我们体会到比较理想的课程计划安排是为理工科本科生开设 60 学时的"表达与交流"课程,分两学期讲授。其中 30 学时的内容为基本阅读与语言表达,开设于本科一年级第二学期,由具有人文学科教育背景的教师讲授。此部分内容从读和写入手,涵盖字、词、句、篇,从逻辑和形式两方面进行授课,旨在提高学生的基本阅读理解能力和语言表达能力。其余 30 学时的内容为科技文献写作与表达,开设于本科二年级第一学期,由本专业院系教师讲授。这部分内容在第一阶段的学习基础上,结合专业特色,面向科技应用,重点讲述科研工作中的表达与交流内容,旨在提高理工科专业本科生的科技表达与交流能力,并加强其在科研工作中的团队协作能力。

我们认为,加强本科生表达和交流能力是改进我国理工科通识教育环节的重大战略举措,全面推广需要大量的相关专业学科师资,我们应该尽快认识到提高表达与交流能力对提高高等学校人才培养质量至关重要,尽快实施这一重大战略举措,对改进教育教学现有体制内的薄弱环节至关重要。

本书的内容,是编者团队在总结"表达与交流"课教学内容和多年教学经验基础上,参考世界一流大学相关课程的教材写成的,适合用作理工科专业本科生表达与交流、写作与沟通等相关课程的教材。

小结

"表达与交流"课程的目标是培养学生阐述、表达的能力,使学生能够清晰、科学地描述专业及非专业领域的问题,准确表达自己的观点。

参考文献

[1] 管晓宏,李凡,杨嘉琪,等.培养表达与交流能力是不可或缺的通识教育[J].通识教育评论,2019(1):77-87.

第二部分

科技文献写作

第4章

科技论文写作概述

4.1　科技论文写作的意义

对于科技工作者而言，公布研究成果十分重要，写作和发表科技论文能够惠及全社会，让全球同行了解自己的研究内容和研究成果，从而达到推动科技事业发展的目的。发表高质量的科技论文不但可以报告科研成果，而且能够表现科研人员（高校教师、研究生、企业研发人员等）的能力和知识水平，以便获得公正评价。撰写科技论文的意义可以概括为以下几点：

（1）科技论文是科研工作者原创性研究成果的首次披露。科研工作的目标是探寻事件发展规律，挖掘其中的知识，为社会的发展贡献力量。科技论文的内容通常是科研工作者在某个领域的最新发现，撰写科技论文是披露最新科研成果的重要途径。

（2）撰写科技论文能够促进学术交流。英国文学家萧伯纳说过："倘若你有一个苹果，我也有一个苹果，而我们彼此交换，那你和我仍各有（只有）一个苹果。但倘若你有一种思想，我也有一种思想，而我们彼此交流，那我们将各有两种思想。"科技论文是科技工作者研究思想、研究过程和研究结果的总结，科技论文写作可以帮助科技工作者进行更高效的学术交流，碰撞出更多的思想火花，取得更多的科研成果。

（3）科技论文写作有利于知识积累，树立书面思考的习惯和建立科学有效的交流和传承机制。由科技论文所构成的科技论文数据库可以突破时空限制，为他人提供知识资源。此外，科技论文也可以让对论文感兴趣的其他研究人员根据论文描述，重复验证相关结论，挖掘其中存在的新问题，进一步推动学科的发展。

(4)科技论文写作能够展现科技人员的能力。高质量的科技论文不但可以表述解决某一科技问题的成果，也兼有衡量论文作者的科研能力和知识水平，帮助发现优秀科技人才的作用。

4.2 科技论文写作的内涵与分类

4.2.1 科技论文写作的内涵

科技论文是指创造性科学技术研究工作成果的科学论述，是某些理论性、实验性或观测性新知识的科学记录，是某些已知原理应用于实际中取得新进展、新成果的科学总结，科技论文写作包括所针对的特定问题、使用了哪种方法、获得了怎样的结论、解决了什么样的问题、取得了哪些成果、下一步可以尝试的改进方案等。从狭义的角度讲，科技论文通常是指在各种期刊或会议上发表的原创性学术论文；从广义的角度讲，科技论文不但包括已发表的论文，也包括各种实验报告、技术报告、总结报告等任何形式的书面交流材料。叙述论证清晰、便于交流是科技论文写作的关键。经过科技工作者反复琢磨与推敲，不断修改，使飘浮、抽象、混乱的思维清晰起来，形成结构化、具体化和条理化的论文，能够促使作者凝练科研成果，以缜密的科学思维表达成果。

4.2.2 科技论文写作的分类

从不同的角度对科技写作分类，会有不同的分类结果。从写作目的和科技论文所发挥作用的角度出发，可以分为以下几类。

1.学术论文

科技论文是指表达规范，发表于科技期刊或者国际国内学术会议的论文。其中表达规范包括两个方面，第一是符合期刊或者会议论文编排的标准和规范。通常，期刊或者会议会提供写作模板，这个写作模板规定了字号、图例等常见格式规范，可使科技论文具有规范的表达形式，不仅能保证科技论文的水平，也能够培养科技工作者的写作素养。第二是符合科技写作规范，这种写作规范是科技工作者的自我约束，比如必须保证所给实验流程的清晰、实验结论的严谨等，这是保证科技论文质量的重要规范。

2.学位论文

学位论文指作者为获得所修学位而撰写的论文,作为提出申请授予相应学位时评审的依据。学位论文一般分为学士学位论文(本科毕业设计论文)、硕士学位论文、博士学位论文三个级别。

(1)学士学位论文:指大学本科毕业生申请学士学位时需要提交的论文。学士学位论文的内容应表明作者已较好地掌握了所申请学科的基础理论、专门知识和基本技能,并具有从事科学研究工作或担负专门技术工作的初步能力。

(2)硕士学位论文:指硕士研究生申请硕士学位时需要提交的论文。硕士学位论文的内容应表明作者已在所申请学科上掌握了坚实的基础理论和系统的专门知识,并对所研究课题有新的见解,具备从事科学研究工作或独立承担专门技术工作的能力。

(3)博士学位论文:指博士研究生申请博士学位时需要提交的论文。博士学位论文内容应表明作者已在所申请学科上掌握了坚实的、宽广的基础理论和系统深入的专门知识,并具有独立从事科学研究工作的能力,在所申请学科或专门技术上做出了创造性的成果。

学位论文要经过评审和答辩,因此,无论是文献综述,还是实验装置介绍,实验方法描述都要详尽。而科技论文受限于篇幅和版面,要力求简洁,用有限的文字清晰地论述科技成果的创新性和有效性。

3.科技报告

科技报告是指在某一专题范围内表述研究成果、工作成果或反映科研和工作进展情况的书面报告,是科技工作者在工作实践中的一种常用文体。科技报告与科技论文有许多共同之处,科技报告通常也可在科技刊物上发表,具有很高的资料价值和一定的学术研究价值。科技报告和科技论文的主要区别是:科技论文反映科学研究成果,表达作者的观点和见解,侧重点在解释现象和学术探讨上;科技报告主要反映研究工作的过程,是实验过程的如实记录,侧重点在报告事实,而不是对结果的分析论证,前者注重论述,后者注重记述。科技报告的主要作用是向社会或主管部门报告科学研究和技术发展情况,而科技论文则旨在向同行发布新的发现或发明。科技报告在科研上有保留资料、交流情报和快速反映科研成果的作用。

4.科研项目申请书

科研项目申请书是为了申请拟开展的科研内容获得资助,向资助机构撰写的科技文件。科研项目申请书对科研人员而言非常重要,关系到科研人员能否获得资助,以便开展创新性、探索性的研究。科研项目申请书的撰写一般要按照科研项目资助机构的具体要求。申请书的基本结构一般包括摘要、研究背景、国内外研究现状、研究目标、研究内容、研究方案、技术路线、项目预算和人员简介等内容。科研项目申请书撰写的关键是如何在有限的篇幅内,阐明研究内容的重要性、创新性和可行性,说服科研项目资助机关和项目评审专家,同意对该科研项目资助。

5.实验报告

实验报告是描述、记录某个实验过程和结果的科技文件。虽然实验报告与科技报告一样都是以文字形式阐明科学研究的过程,但二者在内容和表达方式上有差别。科技报告一般是把成功的实验结果作为论证科学观点的根据,而实验报告则是客观地记录实验的过程和结果,着重记录实验实施的过程,在撰写过程中不带实验执行者的主观看法,是实验过程的客观体现。

小结

科技论文写作是让其他研究者了解自己研究内容和研究成果的重要途径。本章指出了科技论文写作的主要意义,总结了科技论文写作的内涵和分类,针对不同类型的科技论文进行了较为详细的阐述,指出了它们之间的差异和在写作过程中各自不同的侧重点,是对科技论文写作的宏观概述。

参考文献

[1] 卞希慧，谭小耀，刘鹏，等.《科技论文写作》课程教学初探[J]. 教育教学论坛，2016（34）：151-152.

[2] 朱亮新. 合作学习：超越时空的思维分享[J]. 新课程：综合，2010(12)：62-63.

第5章

科技论文的结构和内容

5.1　科技论文的基本结构

理学、工学、农学、医学等学科的科技论文都有符合自己学科领域惯例的组织结构,被学术界广泛认可和接受,在科技写作中必须遵循。按照论文内容的必要性来分,论文由必要部分和可选部分组成。一篇完整的科技论文应包含所有必要的内容。换句话说,必要部分是一篇论文的最小构成,可选的组成部分则应根据论文需要添加。

按照论文内容的顺序,一篇完整的科技论文包括标题、作者及作者单位、摘要、关键词、正文、(致谢)、(附录)、参考文献、(补充材料),其中正文包括引言、文献综述、研究方法、主要结果、讨论、结论和下一步的工作。在以上组成部分中,可选部分用括号标示,其他的为必要部分。下面,分别对论文的各个部分功能和作用进行阐述。

标题是文章内容的集中概括,一般要求既能概括全文内容,又能引人注目,便于记忆和引用,做到恰当、确切、简短、鲜明,起到画龙点睛的作用,以引起读者的注意与兴趣。标题一般是一个名词性短语,不是一个完整的句子。

作者及作者单位是直接参加课题研究和论文撰写人员的署名。署名的作用一方面是作者文责自负的承诺和拥有著作权的声明,另一方面是为了便于读者和论文作者进行联系。

摘要是科技论文的"精髓",具有独立性和完整性。摘要以提供科技论文的研究内容梗概为目的,不加评论和补充解释,简明、确切地阐明科技论文的研究背景、研究问题、研究方法、研究结果和研究贡献,字数以 $150\sim250$ 字为宜。摘要中不要引用参考文献,否则会丧失独立性,最好也不要使用数学符号或数学公式,这些非文本内容在文献数据库中无法显示。

关键词是表达论文主题概念的词汇,可以从标题和摘要中提取,其作用是便于读者在文献数据库中进行主题检索、快速查询和定位相关的科技论文,以3～5个为宜。关键词不能过于宽泛。

引言的目的是激发读者对论文的兴趣,并提供对理解论文其他部分所必需的相关背景信息。引言是对摘要的扩展,与摘要不同的是,以娓娓道来的"讲故事"方式阐述论文的研究背景、研究问题、研究方法、研究结果和研究贡献,阐明研究内容的重要性、必要性和研究贡献,同时需要加一些必要的评论和解释,以让读者了解整个研究内容。

文献综述的目的是明确本研究工作在历史文献中的定位,作为研究的必要性的支撑。文献综述以和本研究相关的文献的出版时间为序,以文献中的模型、方法、算法等为脉络,有条理地分类整理和评述。

正文的其他部分主要是针对研究问题,采用何种研究方法开展研究,得出什么研究结果,并对研究结果进行解释和开展必要的讨论。其中,讨论部分需要回答引言部分提出的问题,解释研究结果如何支持结论,以及结果如何与关于该主题的现存知识相吻合。其重点内容是对实验数据和现象进行科学分析,并对数据误差和影响实验结果的因素进行解释,探讨对实验材料及方法的改进。

结论部分是在理论分析和实验验证基础上,通过归纳推理得到的富有创造性、指导性、经验性的结果,与引言相呼应,反映论文或研究成果的价值。其主要目的是对本研究结果的价值、作用、意义作出判断,说明本研究发现了哪些新的规律,发展了哪些学术理论,能解决什么现实问题。同时,通过对现有研究结果的分析,明确指出现有研究的不足或可以拓展的研究方向,作为下一步的研究工作加以展望。

致谢是对参与论文讨论、在论文的写作和修改中给予帮助的个人和单位的感谢。致谢的对象如同学、同事、编辑和审稿人等,不能和作者重复。对研究工作进行资助的基金或单位,也可以在致谢中向其表达谢意。

附录是为了增加论文的科学性、可信性和可重复性，对研究方法和研究结果的细节给予的必要补充。如定理的证明过程、实验的材料和步骤等相关细节，数值实验的参数选取等，都可以作为附录内容。

参考文献给出与本研究课题直接有关的前人发表的所有文献，包括参考前人的模型、方法、材料、算法、成果等。参考文献的内容一般包括作者、文献名、期刊名、出版年份、卷、期、起止页码、出版单位等，必要时可以加上文献在网络中的下载地址。参考文献的格式应依照国家标准《信息与文献　参考文献著录规则》(GB/T 7714—2015)。

补充材料是对研究过程细节的进一步补充。如研究中的音频、视频或者程序代码等，都可以作为科技论文的补充材料。

5.2　科技论文的内容构成

科技论文写作就是将5.1节中介绍的论文的各个组成部分逐一完成，形成一篇结构合理、内容完整、逻辑严密、表述顺畅的学术论文。本节将对科技论文的写作顺序和逻辑构思进行简要介绍。

5.2.1　科技论文的写作顺序

一般来说，阅读科技论文遵循从头到尾的顺序。然而，论文的写作顺序与阅读顺序不同。很多有经验的作者奉行的科技论文写作顺序是：从简单到复杂，从结果到结论，从现象到本质。

首先，描述实验方法、实验步骤，初步整理实验的原始数据，并对数据进行必要的分析和处理，然后以图、表的形式展示实验中得到的数据，形成实验结果。在此基础上，初步完成实验部分的写作。

其次，可以用数学模型或其他形式化、规范化的方法刻画研究问题，分析和解释实验结果的物理含义，通过理论方法论证实验结果的科学性、理论性和可信性，总结提炼本文的研究方法；对实验结果进行深入讨论，归纳从实验结果中得到的启示，挖掘和阐述更深层次的结论。在此基础上，初步完成正文核心部分的写作。

再次,撰写引言、结论以及文献综述和参考文献部分。引言、文献综述和结论部分是科技论文"故事性"最强的部分,在撰写前,首先需要对本文的研究背景、研究问题、研究方法、研究结果和研究贡献进行总结和凝练,然后以"讲故事"的方式娓娓道来。写文献综述的同时按一定的顺序整理参考文献,在撰写结论的同时展望下一步的研究工作。

然后,撰写摘要和关键词,并为论文取一个合适的标题。摘要和引言一样,都需要阐述研究背景、研究问题、研究方法、研究结果和研究贡献,可以看作浓缩版的引言。选择几个具有代表性的主题词作为关键词,并取一个合适的、画龙点睛的标题。

最后,添加论文的其他部分,如作者及单位、致谢、附录、补充材料等。

作为研究内容科学性和可信性的支撑材料,实验方法、实验步骤和实验结果是第一手材料,通过观察、简单整理即可获得,属于对实验现象的描述,写作相对容易。但是,对这些实验结果进行讨论、归纳并得到合理、准确、更深入的结论,相对来说比较困难,提炼正文的主要研究方法、研究内容并撰写引言和结论就更加困难。因此,从以上的写作顺序可以看出,遵循"从简单到复杂,从结果到结论,从现象到本质"的写作原则,更容易被广大科研人员接受,而且效率更高。

5.2.2 科技论文的逻辑构思

科技论文通过描述从提出问题、分析问题到解决问题的全过程,以达到揭示事物之间的客观规律和内在联系的目的。科技论文写作需要以一定的依据展开,如可以以时间顺序展开,也可以以对事物从现象到本质的认识逐步深入展开,或者以不同事物之间或某一事物不同侧面的对比展开。这种写作的依据就是论文的内在逻辑,它反映了人们认识事物的思维过程。合理的逻辑结构不仅能明确揭示论文的主题,体现作者对研究问题的认识过程和深入程度,而且有助于读者理解和把握论文的主题和内容。

科技论文的逻辑构思分为五种:排列式、递进式、比较式、并列式、总分(分总)式。以下分别对这五种逻辑进行简要介绍。

排列式又称为流水式,它按照客观事物发展变化的顺序以及时间的推移、空间位置的转换顺序来安排结构。一般来说,实验性论文采用这种形式的居多,其逻辑如下:原理和方案的分析选择——试验装置及材料——试验结果和讨论。该形式的特点是逻辑结构按顺序撰写,相邻结构之间有内在关系,次序不能颠倒。以排列式论述既符合人们的思维方式,又符合科技工作顺序,线索清楚,自然成文。

递进式在围绕中心论述时步步深入,逐层阐发,使论文说理深刻严密。其过程大致是由现象描述到归纳分析,再由归纳分析到原理解构,层层剥笋,逐步深入。采用递进式写科技论文较为困难,要注意围绕主题安排层次,层次间的关系依次深入。写作时既要避免杂乱无章,又要防止在论述到深一层次时离开主题。

比较式是通过对已有研究中的模型、方法或算法进行比较研究,从几个方面或方案中加以比较分析,从中优选出一种方案的写作方式。通过比较,事物的特点或优劣显现得更为明晰。采用比较式论述,需要选取实验项(即优选方案)和对照项,并确定一个或者一系列的比较标准。缺乏比较标准的对比不科学、不可信、不合理。

并列式是以素材的性质分类并列,围绕中心从不同角度提出问题,分别论述。虽然素材的性质之间属于并列关系,无主从之分,但是在论述时,要遵循主要性质优先的基本原则。

总分(分总)式中的总是指整体,即总论点;分是指部分,即分论点。在科技论文的写作中,"先总后分"或"先分后总"的结构都可以采用。先总后分的逻辑如下:论文开头提出问题或结论(总论点),中间从不同侧面分析问题(分论点),最后综合作出结论。先分后总的逻辑如下:先分析问题的各个侧面并得到各问题的结论(分论点),然后在综合论述中解决问题和作出结论(总论点)。

在科技论文写作中,一篇论文可能需要综合运用以上五种逻辑构思。例如,论文的整体是总分式,在论述各分论点时,需要采用其他四种逻辑构思。因此,在写作时,作者需要根据论证需要,选取最符合逻辑的构思,这样才最容易被审稿人和读者接受。

5.3 科技论文各部分内容的写作

5.3.1 题目、摘要、关键词的写作

科技论文的题目、摘要、关键词是对论文的高度总结,让读者对论文的研究工作有一个初步的了解,也用于在文献数据库中对论文进行检索。在一般学术期刊和学术会议上发表的论文版权受到保护,但发行权一般归出版单位所有,只有读者或者读者所在单位购买了相应出版单位的数据库后,读者才能阅读或下载论文。然而,一般来讲,题目、摘要、关键词等内容无需获取全文就可以在数据库中浏览。读者可通过阅读这些内容决定是否进一步获取并阅读该论文。此外,在面对大量相关文献时,读者需要通过阅读题目和摘要来判断论文是否和自己的研究相关,是否具有参考价值。因此,这部分内容虽然简短但十分关键,直接决定了读者是否阅读本论文,因此写好这部分非常重要。以下对题目、摘要、关键词的写作要点进行介绍。

1.题目和作者

题目(Title)是一篇论文最高度的概括,直接反映了作者对论文研究工作的理解和定位,对论文十分重要。一个好的题目能够让读者快速把握论文的研究内容及创新性,引起读者的阅读兴趣。为达到这些要求,题目需要清楚、简洁和吸引人。

首先,论文题目应该能够清楚地描述论文的研究内容和创新性,从而使读者可以从题目中获悉以下两点关键信息:

(1)论文研究的方向或问题;

(2)与已有研究工作的本质区别,即创新之处。

此外,也可在题目中说明所采用的关键技术或方法。由此可见,虽然论文题目一般很短,但涵盖的内容十分全面。

其次,论文题目在清楚描述研究内容的基础上,应尽可能简洁。例如,对英文论文而言,题目一般在 15 个单词以内较好。题目过长一方面会影响读者对论文研究内容的整体把握,另一方面也间接反映了论文研究工作的局限性。很

多具有深远影响的开创性工作的论文题目大都十分简洁。例如沃森和克里克在 1953 年发表的揭示 DNA 双螺旋结构的论文题目:《一种脱氧核糖核酸结构》(*A Structure for Deoxyribose Nucleic Acid*)。

为做到简洁,应该避免一些没有太大意义的词。例如,在题目《一种新的数据中心节能方法》中,"新的"一词在这里并无太大实际意义(毕竟论文所提出的方法理应是新的)。为了突出创新点,可以用更加具体的描述。例如,题目可以为《基于×××的数据中心节能方法》。而在英文论文中,"new""that""the"等单词也尽可能不要使用,更不推荐使用定语从句等复杂结构。

最后,一个好的题目能够吸引人,引起读者阅读的兴趣。例如,麻省理工学院发表于 *IEEE/ACM Transaclions on Networking* 的一篇论文题目为:*XORs in the Air:Practical Wireless Network Coding*(《实用无线网络编码》)[1]。该文介绍了一种无线网络的编码方法,核心思想是对信息进行异或操作,是一种十分简单而实用的编码技术。而论文题目不但清楚简洁地概括了研究问题(无线网络编码)和所提出的方法的创新点(实用),更以"XORs in the Air"做开头短语,十分形象地描述了该文的核心思想:在无线环境中对数据包进行异或编码。如果仅以 *A Practical Wireless Network Coding Method* 作为题目,虽然已足够清楚简洁,却不如原题目那么吸引人。

作者(Author)部分应列出所有参与研究工作,或对研究工作有重要帮助的人。除了名字外,每个作者的单位和地址也应列出。两种作者:第一作者和通信作者对论文最重要。

理论上,作者的顺序应该按照对论文的贡献大小来确定。因此,第一作者(First Author)一般来说是论文最重要的贡献者。如果一篇论文有多个第一作者,可以在作者名字右上角进行标注说明。多个第一作者的顺序可以按照一定的规律(例如姓氏笔画、首字母等)进行排列。

除第一作者外,通信作者(Corresponding Author)也很重要。通信作者主要负责论文投稿和出版等联系事务,例如提交稿件、缴纳出版费用等。因此,一般期刊论文都会标明通信作者及其联系方式。在英文论文中,要注意作者名字应该保持一致，以便在数据库中对作者的论文进行检索。每个会议或者期刊对格式有自己的要求，因此作者应该按照会议或期刊的模板和要求对论文进行编辑。

2. 摘要和关键词

摘要(Abstract)是论文内容的高度概括，篇幅简短。以英文论文为例，一般建议摘要不超过 15 句话。摘要的功能是帮助读者快速了解论文的研究问题，了解论文的核心思想，评价论文的学术价值。因此，摘要虽然短小，但应该达到能高度概括论文研究的问题、方法、结果等关键内容的目的。

具体地，摘要应该能够回答读者如下几个关键问题：①本文的研究背景/方向/问题是什么；②在这个研究问题上已有研究的不足是什么；③本文提出方法的核心思想是什么？或采用了什么关键技术；④本文方法的效果如何（理论或实验结果），特别是对已有研究工作的改进有多大。此外，摘要中也可简短地概括论文的重要理论或者应用价值。

一般地，一篇学术论文的摘要应该包括以下几点内容。

(1)对论文研究背景/方向/问题的概括性描述(建议 1～2 句话)，以让读者了解论文的研究问题及其重要性(理论或应用价值)。很多初学者撰写论文时，往往在摘要中用大量篇幅来交代背景，这是没有必要的，只要概括介绍即可。

(2)对已有研究工作提出的理论、方法或工具的评价(建议 1～2 句话)，概括总结已有研究的局限性，即在哪些方面仍然存在不足(一个已经完美解决的问题没有继续研究的必要)。

(3)对所提出方法的概括性介绍(建议 2～4 句话)。这里对方法的介绍重点在于介绍方法的核心思想或采用的关键技术，而非细节步骤。假设此时读者通过阅读已经认为该问题很重要且没有很好地解决，希望能知道本文的方法为何能解决这个难题，因此需要突出所提出的方法的亮点。例如基于对该问题的一种新的理解，提出一种巧妙的算法、巧妙地采用了一种已有技术等。这部分内容要求作者以最少的篇幅让读者理解论文的创新之处，因此要写好需要作者对自己的方法有深刻的认识,往往需要经过反复思考和修改。

(4)对所提出方法的效果分析(建议 1~2 句话)。如果是实验论文需要概括描述实验环境和数据集,并且突出对已有工作的改进,以体现论文的研究贡献。描述效果时需要尽可能准确,而不是泛泛地进行描述。例如,"本文方法比×××方法更加高效"("Our method is more efficient than ×××"),"本文采用的方法的开销远小于×××方法"("Our method has a much lower overhead than ×××")等描述都不够准确,不能具体说明到底高效在哪里、减小了多少开销。此外,这些描述也不够严谨:未指明在什么数据集上取得的结果。因此,我们应尽可能明确严谨地描述评价结果,例如:"在×××数据集上本文方法比×××方法的运行速度快 2~3 个数量级","针对×××应用场景,本文方法将×××开销减小了 80%"等。

由于摘要一般文献在数据库检索中就可以直接看到,读者在阅读摘要时可能没有看到论文全文。这就要求摘要"自成一体",保持内容的独立性(Self-Contained),而不能引用正文中的任何内容。例如《国际碳学报》(*Elsevier Carbon*)的前主编 Peter Thrower 曾指出:"(摘要)应做到无需阅读全文即可理解摘要的内容"("It should not be necessary to read the whole paper to discover what was meant in the abstract."[2])。因此,摘要最好不要使用未定义的名词,例如正文方法中定义的新名词,也尽量不要引用参考文献。

之前提到的论文 *XORs in the Air: Practical Wireless Network Coding* 的摘要[1]如下。读者可以根据之前的介绍对应阅读,思考哪几句话是介绍方法思想,哪几句话是介绍已有方法不足,哪几句话是介绍方法取得的结果。

This paper proposes COPE, a new architecture for wireless mesh networks. In addition to forwarding packets, routers mix (i. e. , code) packets from different sources to increase the information content of each transmission. We show that intelligently mixing packets increases network throughput. Our design is rooted in the theory of network coding. Prior work on network coding is mainly theoretical and focuses on multicast traffic. This paper aims to bridge theory with practice; it addresses the common case of unicast traffic, dynamic and potentially bursty flows, and practical issues facing the integration of network coding in the current network stack. We evaluate our design on a 20-node wireless network, and discuss the results of the first testbed deployment of wireless network coding. The results show that COPE largely increases network throughput. The gains vary from a few percent to several folds depending on the traffic pattern, congestion level, and transport protocol.

摘要之后一般是 3~5 个关键词(Key Words 或 Index Terms)。顾名思义,关键词是最能概括论文研究问题和方法的关键性词语。例如,一篇研究无线传感器网络中节能问题的论文,提出了一种能耗感知的路由算法,则关键词可以选取"无线传感器网络"(背景)、"节能"(问题)、"能量感知路由"(方法)等。关键词应根据期刊或会议的主题选取,尽量不要选取过于宽泛的词。例如投稿到机器学习领域期刊中的论文,面向的读者是机器学习领域的科研工作者,选取"机器学习"这种过于宽泛的词语意义不大。关键词的作用主要是方便研究者在文献数据库中检索论文,不对论文的阅读产生影响,很多期刊或会议的模板中并没有关键词部分。

5.3.2 引言及相关工作部分的写作

引言(Introduction)是论文的第一个章节,往往是一篇论文最重要的部分,也是最难写好的部分。写好一个引言往往需要作者花费大量时间去思考和反复修改。一方面,引言可以看作是摘要的扩展版本。例如,摘要中的背景、问题等都是 1~2 句话,在这里将会扩展为 1~2 段话。一方面,引言可以看作全文内容的概括,读者能够通过引言对论文的内容进行基本把握,若对论文的细节有兴趣可以继续阅读。

引言一般内容包括研究背景和问题、相关工作不足、方法介绍、论文贡献等。特别是引言应该对论文的核心思想、关键步骤等进行简要介绍，并直截了当地给出论文的贡献。由于篇幅有限，要将以上内容介绍清楚也是有难度的。有些作者认为引言是文章的导引，因此花大量的笔墨去介绍研究背景和相关工作，而不给出具体解决方法，更没有去突出论文的贡献。实际上，这是一种错误的写法。原因在于引言并非是论文正文的"前序"或"铺垫"，而是全文内容的概括介绍。因此，除了介绍背景外，引言更应该介绍所提出的方法和论文的贡献。而相关工作的详细介绍应放在单独章节中去做（见下一部分相关工作内容）。下面对引言的写法进行具体介绍，注意体会其中的逻辑关系。

1. 研究背景和问题

引言首先要介绍研究的背景是什么、具体问题是什么，为什么这个问题重要，已有方法有何不足，例如，以下是论文[1]的引言的第一段，虽然只有两句话，但却涵盖了以上内容。其中第一句点明了研究的背景，即无线网络，并强调了无线网络的应用非常广泛。第二句明确了研究的问题，即无线网络的吞吐量较小，可扩展性不强。可以看到，论文在引言部分对研究背景和问题的介绍是十分概括简短的，这样可以有更多的篇幅介绍论文的关键思想和学术贡献。

---

1. Introduction

Wireless networks are indispensable; they provide the means formobility, city-wide Internet connectivity, distributed sensing, andoutdoor computing. Current wireless implementations, however, suffer from a severe throughput limitation and do not scale to denselarge networks.

这里需要注意，在介绍论文背景和研究问题时，不应空泛地去谈研究问题被广泛关注，而应具体介绍研究问题如何"重要"，而非如何"流行"。例如，一篇论文研究小波变换图片压缩技术，如果用"The recent decade has seen a widespread adoption of ×××techniques."（×××技术在近十年被广泛的采用），不但显得空泛，会让人感觉作者在随波逐流。如果改为"Encoding images with ×××techniques leads to higher compression ratios and fewer visual artifacts."（利用×××技术可以实现更高的压缩率和更少的视觉误差），能更加具体地表明了小波变换图片压缩技术的重要性，以突出研究的意义，即"这个技术十分重要，所以值得研究"，而不是"大家都在研究，所以我也要研究"。

2. 研究方法

读者若对论文的研究问题很感兴趣，也理解了已有工作的不足，应该很急切地想知道论文所提出的方法为什么能解决这些问题。因此，随后应给出本文研究方法。由于篇幅有限，无法深入细节，方法的描述需要从较高的视角来进行。这时，使用一个简单、有代表性的例子是一种很好的方式。一方面，就具体问题描述方法流程十分容易理解，另一方面由于例子相对简单，篇幅可以比较短小。例如，以下为论文[1]引言的第二段，用一个简单的例子介绍了论文的思想。这个例子是 Alice 和 Bob 两个无线设备通过路由器 Relay 进行通信的例子，传统方法需要 4 次传输，而采用所提出的网络编码（Network Coding），路由器可对收到的数据包进行异或操作，因而仅需要 3 次传输，减少了传输次数，提高了吞吐量。至于如何发现何时可以进行编码、数据包的格式等细节设计问题，此处并未展开。

This paper presents COPE, a new forwarding architecture thatsubstantially improves the throughput of wireless network…

To give the reader a feel for how COPE works, we start with a fairly simple example. Consider the scenario in Fig. 1, where Alice and Bob want to exchange a pair of packets via a router. In current approaches, Alice sends her packet to the router, which forwards it to Bob, and Bob sends his packet to the router, which forwards it to Alice. This process requires 4 transmissions. Now consider a network coding approach. Alice and Bob send their respective packets to the router, which XORs the two packets and broadcasts the XOR-ed version. Alice and Bob can obtain each other's packet by XOR-ing again with their own packet. This process takes 3 transmissions instead of 4. Saved transmissions can be used to send new data, increasing the wireless throughput.

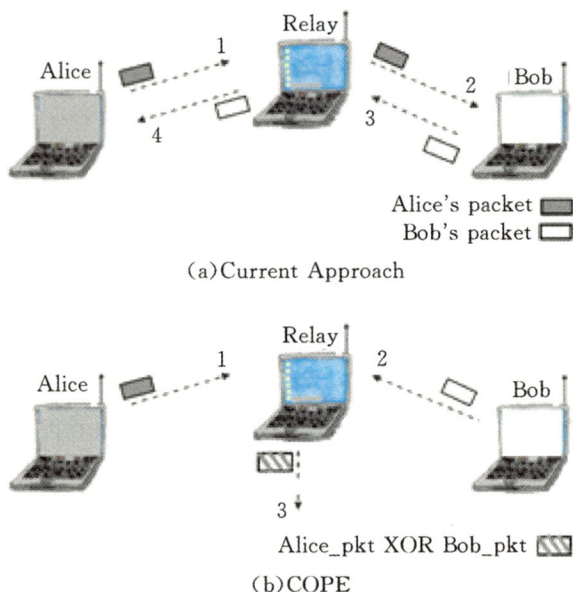

(a)Current Approach

(b)COPE

Figure 1-A simple example of how COPE increases the throughput. It allows Alice and Bob to exchange a pair of packets using 3 transmissions instead of 4（numbers on arrows show the order of transmission）.

图 5-1　COPE 论文中的方法示意图[1]

3.研究贡献

引言需要回答的一个重要问题是论文有何重要的学术贡献,即和之前的研究工作有何关键区别。这可帮助读者来评价论文的学术价值。虽然引言之前的内容已经描述了已有研究的不足,以及本文提出的方法的关键思想,但读者很难在没有阅读全文的情况下总结本文的学术贡献。因此,需要作者对全文的学术贡献进行总结,而不是让读者自己去猜测。这里体现了科技论文表达直接、明确的特点,即不遮遮掩掩,而是用直截了当的方式明确地表达。一般来说,学术贡献主要包括:①首次发现了一个新的现象,或首次提出了一个新的研究问题;②提出了可解决某问题的一种新的方法;③通过大量实验或理论分析证明了方法的有效性等。在英文论文中常见的表达如下:

Our contribution is three-fold：

    (1)To this best of our knowledge，this is the first paper that addresses the problem of ×××

    (2)We proposed a new method name ×××，which can ×××

    (3)We prototype the method ××× using ×××，and use experiments to show the method can ×××

4. 章节安排

引言作为全文的引导，可对论文余下的章节安排做简单的介绍，以便于读者把握论文的叙述顺序。由于一般论文的叙述顺序比较固定（例如"相关工作→方法→实验→讨论→结论"），因此这部分内容在篇幅紧张时也可考虑省去。以下为某篇英文论文的章节安排[2]，注意下划线部分为一般的表达方式。

The rest of this paper is structured as follows. Section 2 compares Chord to related work. Section 3 presents the system model that motivates the Chord protocol. Section 4 presents the base Chord protocol and proves several of its properties，while Section 5 presents extensions to handle concurrent joins and failures. Section 6 demonstrates our claims about Chord's performance through simulation and experiments on a deployed prototype. Finally，we outline items for future work in Section 7 and summarize our contributions in Section 8.

相关工作（Related Work）是科技论文必不可少的部分，可以帮助读者快速了解本研究领域中与本文密切相关的研究工作，特别是论文所研究的问题的最新研究进展。此外，读者也可以通过相关工作的阅读，更准确地把握论文的创新点和贡献。相关工作是帮助审稿人来衡量论文价值的一个重要因素。一般来讲，虽然审稿人是本领域的研究人员，但对作者所研究的具体问题未必有足够的背景知识，需要通过阅读相关工作来了解前人在该问题上提出过什么方法，本文在前人工作基础上又做出了什么新的贡献。因此，相关工作的撰写需要重点考虑以下三点。

（1）相关工作对已有工作的总结应该足够全面。作者应该将研究相同问题或相似问题的所有重要研究工作进行介绍，特别是不能遗漏有重要影响力的工作。遗漏重要相关工作会被审稿人质疑对该领域相关研究调研不全面，甚至会被认为有意不谈某些工作来提高本文的贡献。当然，某些研究的相关工作很多，未必需要——列出，具体需要介绍多少相关工作应该结合论文的篇幅来确定。

（2）相关工作的组织应该具有逻辑性和可读性。而不是"简单罗列""记流水账"。否则，读者很难通过阅读相关工作来把握各个相关工作之间的关系，也就无法衡量本文与相关工作之间的联系和区别。有两种逻辑组织方式可供参考：①将相关工作进行分类，即按照研究方法、研究目的等进行归类，并逐类介绍；②按照时间或改进关系介绍，从发表最早、最初步的工作开始介绍，逐渐引入最新的研究工作。这两种方式可以结合使用，例如首先对工作进行分类，每类用1～2段进行介绍，在每一类工作介绍中采用时间顺序。以上方式虽然简单，但可帮助读者快速理清相关工作之间的逻辑关系，从而更加快速地把握前人工作的优缺点。

（3）相关工作介绍中应体现本文与相关工作之间的关系。介绍相关工作的一个很重要目的是帮助读者/审稿人了解已有工作的不足及本文的贡献。因此，作者应该在介绍相关工作时明确地指出本文的创新点，即与已有工作之间的区别，而不是让读者自己去理解和总结。

相关工作的位置。对一般科技论文，相关工作的位置安排有两种选择：①引言之后，即第2部分；②结论之前，即倒数第二部分。这两种方式各有道理。第一种方式下，读者读完引言部分，开始阅读论文的方法部分。而在阅读本文方法之前，相关工作可帮助读者了解本研究领域的基本知识，以及已有的方法和不足，从而在阅读本文方法时能明确本文方法的创新之处。第二种方式下，引言已经对相关工作做了高度的概括，并已经指出了相关工作的不足，因此不需要展开来介绍。而读者此时更加关心的是本文的方法为何能解决前人未解决或解决不好的问题，若相关工作安排在第2部分，和读者的阅读顺序不一致。

以上两种相关工作的安排都有一定的道理,写作者可结合个人观点进行选择。

评价的语气和尺度。相关工作的介绍一般需要指出已有工作的不足,此时应该注意评价的语气和尺度把握,客观地对已有工作进行评价。例如,若评价某相关工作时采用"×××方法速度过慢,完全不适用于实际应用场景"是欠妥的,可采用更委婉的表达方式"×××方法在速度上仍然难以满足实际应用需求"。

5.3.3 研究方法、实验结果部分的写作

在研究方法的内容中,需要详细分析研究的主要问题,并给出具体的解决方法。之后,需要在实验结果中通过实验数据分析,阐述所提方法的优势和特点。

1. 研究方法(Methodology)

在论文中,研究方法一般位于引言和相关工作之后,将详细叙述论文的创新性研究工作,是一篇科技论文的核心部分。研究方法一般可分为 2~3 小节,以从不同角度对所提的研究方法或模型进行叙述。在常见的科技论文中,研究方法常可分为问题描述和解决方法两个部分。

问题描述一般为单独的章节,一般需要给出所研究问题的数学化定义或模型。在研究过程中,研究问题是研究工作的起点,问题的选取和定义是否合适可能将直接影响研究工作成果的成败。在论文内容中,研究问题的描述是读者深入理解研究工作的开始,其叙述必须逻辑清晰、表达准确。问题描述的写作质量将对读者理解论文所述研究工作产生直接影响。在不同的研究领域,问题描述的方式也各有不同。例如,在网络安全领域论文中,一般需要给出系统模型(System Model)、攻击模型(Threat Model)以及安全目标(Security Goal)等,以具体描述所研究的问题,并采用数学模型、形式化定义等形式予以表达。在其他研究领域,可参考已发表的相关领域论文的写作方法。

对于解决方法,可根据实际的研究工作展开为 1~2 节内容,重点叙述具体怎样实现论文所提方法,叙述逻辑应遵循由浅入深、层层递进的原则。为便于读者理解,建议不要直接给出过于复杂的算法描述,而应该先介绍基本思想,再叙述方法概要,最后给出方法的细节。在具体的写作过程中,可按照以下方式组织内容:

（1）基本思想（Basic Idea）：可以示意图或具体实例的形式给出，表达的方式需要非常直观，以易于读者理解和接受。

（2）方法概要（Baseline/Strawman）：叙述基本的方法过程，需要体现基本思想，可忽略细节，重点讲述关键步骤或内容，为方法细节的阅读做准备。

（3）方法细节（Design/Algorithm/Solution）：详细描述算法或者机制的具体流程，一般以算法、设计框图、流程图等形式给出，写作内容需要严谨、细密、充分，使得读者仔细阅读后可复现论文所提方法。

总体而言，研究方法部分的写作方式与研究领域和方法性质紧密相关，不同领域的研究方法写作方式往往差异很大。写作时可多参考相关领域已经过同行评议并发表的论文，进行学习借鉴，选择适合论文工作的写作方式。

2. 实验结果（Experimental Results）

在实验结果分析中，将对论文所提方法的实验结果进行详细描述，其核心在于回答一个问题："为什么我们的方法好？"科学实验一般可基于仿真、真实实验或调研数据分析的方式进行，需要用实验数据分析结果，对所提方法的优势和特色进行佐证和阐述。实验结果部分一般包括以下几方面的内容：

（1）实验方案的设计。需详细说明实验中使用的实验工具和实验场景，实验的软硬件配置，采用的数据集及选取的性能指标。准确叙述的实验方案设计可便于读者了解实验的背景，以及知晓文中所述实验结果的必要实验条件。

（2）实验结果的呈现。一般以表格或数据图的方式呈现实验结果，需要准确、清晰，对实验结果进行定性或定量的描述。

（3）实验结果的分析讨论。基于呈现的实验结果，讨论实验结果说明的问题。一般侧重于描述所提方法相比其他相关方法的性能或功能方面的优势，必要时也可讨论实验结果中呈现出的所提方法的不足。

具体而言，在介绍实验的设计方案时，一般需要描述以下四方面的内容。

第一，需要介绍实验工具和实验场景，例如："我们利用 Click 模块化路由器对 ANOC 协议进行了原型实现。为了对 ANOC 协议进行实验测试，我们采用了 NSClick 这一仿真工具。"[4] 在此例中，叙述了其实验工具为 NSClick 仿真工具，实验场景是基于 Click 模块化路由器设计和搭建。

第二，需要介绍实验采用的软硬件配置。例如："In each experiment，we emulate an OpenFlow network using a slightly modified version of Mininet hosted on a physical server equipped with 64G of RAM and 4 Intel Xeon(R) E7-4807 CPUs (each with 6 cores)."[5]。在此例中，说明了其实验采用的软件平台为修改版的 Mininet，硬件平台为具有 64GB 内存和 4 个英特尔至强 E7-4807处理器的服务器。

第三，需要介绍实验采用的数据集情况。例如："We use the cluster usage trace released by Google. This trace is about scheduler request and utilization data across a large-scale cluster with 12583 machines over 29 days. The trace contains 180GB of resource demand/usage information of 933 users，650 thousands of jobs，25 millions of tasks."[6]。在此例中，说明了实验采用的数据集为谷歌开放的集群数据集，还详细介绍了该数据集中包括 12583 台机器在 29 天的运行数据，其中包含有 933 位用户、65 万条任务和 2500 条子任务的数据。

第四，需要介绍实验选取的性能指标。例如："我们的实验主要关注以下几个性能指标：吞吐量、编码率、公平性和加解密计算开销。"[4]在此例中，说明了用于实验结果呈现的几个性能指标。

在实验结果的呈现时，一般多采用数据图和表格的形式，其中数据图主要用于表示定量的实验结果，表格可用于表示定量或定性的实验结果。

在对实验结果的分析讨论中，针对定性或定量的实验结果，分析实验结果直接呈现出的现象，如"所提方法比原有方法在某指标上表现更好"等，再深入分析实验结果所体现优势的具体特点，最后再讨论所提方法取得实验结果优势的原因。对于实验结果中表现出的所提方法的不足，应该予以正面应对和讨论，并说明这些不足的特点及其产生的原因。一般而言，绝大部分方法都是优点和缺点并存。对于缺点和不足的讨论，更有助于读者了解该方法的特点，而不会有损于对该方法的正面评价。

5.3.4　结论、致谢、参考文献部分的写作

在研究方法和实验结果分析之后，将是论文的结论、致谢和参考文献部分。

这三部分内容也是论文的重要组成部分,其写作质量将代表论文作者的专业水平,需要予以足够的重视。

1. 结论 (Conclusion)

在结论部分,将主要总结论文的研究内容,说明论文提出了什么方法,得到了什么结果,具有哪些意义或贡献,并展望下一步可行的研究工作,说明论文工作是否还存在进一步的研究空间。在具体的写作中,结论与摘要具有一定相似性,但也存在明显差异。在结论部分,将省略研究背景和研究问题的介绍,突出论文的结果和贡献。在英文论文的结论部分,常用一般现在时或一般过去时的时态。例如"This paper studied···","We proposed···","Experimental results demonstrated that···"和"Our future work includes···"等句式是英文论文结论中常用的句式。下面的例子是一篇英文论文[6]的结论部分,可以作为学习参考。

"In this paper, we proposed a new cloud brokerage service to minimize the cloud cost incurred by deadline—constrained batch jobs. By exploiting the slackness of these jobs, we design a scheduling module to smooth the aggregated demand curve, anddesign a reservation module to obtain the renting strategy with the minimum cost. We test our brokerage service with real traces from one of Google's large-scale computing cluster. Evaluation results show that our cloud brokerage can significantly reduce the total cost for web service providers running deadline-constrained batch jobs. Our future work includes making the reservation strategy an online algorithm, meaning that the input to the strategy is only the workload characteristics history and user demand statistics. "

在结论的实际写作过程中,初学者常常难以区分摘要与结论的写作要求区别。摘要与结论分别位于论文的首部和尾部,其作用有很大差异。读者在阅读摘要时,还未能了解论文的主要工作,所以摘要中要对研究背景、研究问题、研究方法、实验结果和意义贡献做概要阐述,以便于读者初步了解论文的各方面情况。读者在阅读结论时,已经读完了论文的引言、方法和实验结果等内容,对论文的内容已经具有了比较深入的了解,因此结论中主要对研究方法、实验结果、意义贡献和下一步工作做简要阐述和总结,以便于帮助读者梳理和理解论文的主要内容。摘要与结论的主要区别如表5-1所示。

表5-1 摘要与结论的主要区别

项目	摘要	结论
研究背景	√	×
研究问题	√	×
研究方法	√	√
实验结果	√	√
意义贡献	√	√
下一步工作	×	√

2. 致谢 (Acknowledgement)

在致谢部分,主要介绍对论文的研究工作提供过帮助的人或机构,以及资助开展该项研究的科研项目。具体而言,在致谢中需要感谢曾一起讨论,并给论文工作提出过意见的同行,英文论文中常用句式为"We would like to thank ××× for their valuable comments/feedbacks/discussion.";并且还需要感谢参与审稿工作的(匿名)评审人,英文论文中常用句式为"We are grateful to all anonymous reviewers of this paper.";最后还需要感谢为论文研究提供资助的科研项目,英文论文中常用句式为"This work is supported by 973 Program of China (No. ××××××××)."或"The work of ××× is supported by NSF under grant ×××.",其中后者主要是为了着重强调论文某位作者的研究工作受到了某项目的资助。

3. 参考文献 (Reference)

在参考文献部分,需要列举论文引用的所有论文、专利、网页、报告、报纸、甚至访谈等一切有他人知识产权的内容,要求信息足够详细,能帮助读者准确检索定位到所引用的文献。此外,所有列出的参考文献必须在论文中引用,否则就不应列在参考文献中。

在选择参考文献时,要尽量做到引用全面。所有与本文背景、问题和方法密切相关的文献资料都应是需要引用的参考文献。此外,选择参考文献时还有一些其他需要注意的因素,包括:第一,最好能引用所投期刊或会议近几年的相关论文,以说明本文与所投期刊或会议主题具有较大的相关性;第二,最好能引用自己已发表的部分相关论文,以说明作者在相关方向具有较好的积累,同时也可以方便读者关注自己已有的相关研究工作成果。

关于参考文献的引用信息,在引用期刊论文时,需要注明该文献的作者、论文标题、期刊名称、卷号、期号、起始页码和发表时间,在引用会议论文时,需要注明该文献的作者、论文标题、会议名称、起始页码、开会地点和开会时间。在引用其他类型的文献时,也有各自不同的要求,在此不再赘述。

需要特别注意的是,参考文献的格式需要遵循非常严格的要求。并且,参考文献没有统一的格式,不同的期刊或会议对参考文献格式的要求也很可能不同。以信息学科常见的 IEEE 期刊论文参考文献格式和 ACM 会议论文参考文献格式为例进行说明。

在 IEEE 期刊论文模板中,对引用期刊论文作为参考文献时的格式要求示例如下:

W. P. Risk, G. S. Kino, and H. J. Shaw, "Fiber-optic frequency shifter using a surface acoustic wave incident at an oblique angle," Opt. Lett., vol. 11, no. 2, pp. 115－117, Feb. 1986.

在 ACM 会议论文模板中,对引用期刊论文作为参考文献时的格式要求示例如下:

Forman, G. 2003. An extensive empirical study of feature selection metrics for text classification. J. Mach. Learn. Res. 3 (Mar. 2003), 1289－1305.

从上述两个例子可以看出,即使都是引用期刊论文作为参考文献,但 IEEE 期刊论文模板和 ACM 会议论文模板对参考文献的格式要求依然有很大差别。因此在完成参考文献部分时,需要根据相应期刊、会议的投稿要求进行认真编辑和仔细检查。

国际学术交流是科学研究必不可少的环节。清晰的语言表达是撰写国际期刊和会议论文的基本要求，也是参加国际学术会议的必备条件。不仅如此，学会论文投稿并进行修改，学会与编辑打交道，熟悉并遵守国际学术规则和惯例十分重要[7]。

小结

本章针对科技论文的结构和撰写问题，首先介绍了科技论文的基本结构，并简要介绍了论文各部分内容的基本情况。然后从科技论文的写作顺序与逻辑构思两方面，对科技论文的写作过程进行了介绍。最后，针对科技论文的各主要构成部分，通过引用大量实例，分别介绍了具体的撰写方法和技巧。

参考文献

[1] KATTI S, RAHUL H, HU W, et al. XORs in the air: Practical wireless network coding[J]. IEEE/ACM Transactions on Networking, 2008,16:497-510.

[2] THROWER P A. Writing a scientific paper: I. Titles and abstracts[J]. Carbon, 2007,45(11):2143-2144.

[3] STOICA I, MORRIS R, KARGER D, et al. Chord: A scalable peer-to-peer lookup service for internet applications[J]. ACM SIGCOMM Computer Communication Review, 2001, 31(4):149-160.

[4] 张鹏. 软件定义网络的安全与隐私机制研究[D]. 北京:清华大学,2013.

[5] SOHEIL H Y, YASHAR G. Kandoo: a framework for efficient and scalable offloading of control applications [C]// HotSDN'12: Proceedings of the first workshop on Hot topics in software defined networks. Helsinki,2012:19-24.

[6] YAO M, ZHANG P, LI Y, et al. Cutting Your Cloud Computing Cost for Deadline-Constrained Batch Jobs [C]//Proceedings of IEEE International Conference on Web Services 2014. Anchorage: IEEE, 2014:337-344.

[7] 何毓琦,管晓宏,曹希仁,等. 新学者融入世界科坛[M]. 北京:清华大学出版社,2004.

第6章

科技论文和报告的图表

科技论文和报告一般要包含研究方法、实验过程、分析结果和结论,通常涉及观测和实验数据、定量化信息的计算分析和比较等。图形和图像可以形象、直观地表达文字难以描述的科学思想和技术知识。表格则不仅能够准确地记录和提供关键的数据、定量化论据和结果,而且能够准确地表达内容的比对和逻辑关系。规范和正确地使用图表不仅可以简化文字、缩小篇幅,而且可以活跃和美化版面,使读者赏心悦目,提高阅读兴趣和效率。例如,对于需要提供的一组定量化论据,如果采取数据表格的形式插入科技论文中,则会非常准确、明了地呈现给读者,而且数据排列紧凑,便于比较大小、分布和相互关系。对于地形、大气环流形势、气象要素分布、机械构造、电路、生物形态和结构、工作或信息流程等,即使采用大量篇幅的文字描述恐怕读者也难以准确、清晰地了解,而采用图形或图片(照片)则非常简洁且直观。因此,图和表是文字的两个翅膀,是现代科技论文和报告中不可缺少的表述手段。图表的作用可以总结为以下几方面。

(1)研究过程的记录与描述。图表有助于表达作者的研究过程,让读者了解研究结果的真实性。如果读者不清楚作者是否做了实验,做了哪些实验,如何做的实验,难免对论文和报告的真实性持怀疑态度。

(2)提供第一手数据。图表是记录测试结果的原始数据,是科学研究的第一步。有了图表所提供的实验对象、条件和结果,作者才能进一步讨论。图表可以迅速、直观、高效地表达复杂的数据和观点,以较小的空间承载较多的信息,使信息的表达更鲜明生动。

(3)现代科技论文中的插图和表格多采用计算机绘制。计算机绘图软件种类丰富且功能齐全,科技工作者应当掌握必要的计算机绘图技术。不同专业领域或研究内容不同,其论文的表述形式和采用的图表类型虽不尽相同,但都应遵循写实性、自明性、规范性和示意性等基本原则,精心设计制作和选用。只要以严谨的科学态度,精益求精的科研作风,掌握和运用先进的制作方法,就能够制作出规范、精美的论文插图和表格。

(4)科技论文与演示文档中图表的使用区别如下。在演示文档中,图表展示出来的效果相对华丽,可能会采用灵活多样的字体搭配,注重色彩的调配,包括背景色、字体颜色、立体感等,并有可能会搭配一定的动画。与此相比,科技论文中的图表展示可能更朴素一些,字体一般比较常规,例如常用宋体、Times New Roman 等;色彩简单,一般采用黑色或者灰色,而且一般无背景色。图 6-1 给出了 2011 年不同国家/地区的国内生产总值(GDP)对比图。图中试图体现出 2011 年中国已成为除欧盟外仅次于美国的经济体,其中图 6-1(a)为此图可以用 Powerpoint(PPT)展示的版本,图 6-1(b)为此图在科技论文中展示的版本。通过对比,可以明显看到,在同样的展示内容上,科技论文由于媒介主要为纸质,而且往往采用黑白打印,其展示效果确实更朴素一些。

(5)科技论文中图和表有一些可以遵循的一般性规范。首先,图表应当大小适宜。一般科技论文的版式为两栏,论文插图应尽可能采用一栏宽度。较大的插图可以采用两栏宽度,尽量避免使用折页图(幅面超过一页)。经过适当缩放,大小适宜的图表应保证线条、标值、文字清晰,比例协调。图表是辅助文字准确、客观、真实、简洁地表述主题内容的,因此,所有的插图和表格在正文中必须有文字表述,说明图表内容的主要特点、属性,以及反映出的论证依据、规律性的结论,而且图表序号也必须在正文中至少出现一次。文字表述一方面要与图表内容和特征相符,不可臆造图表中非典型、不显著的现象、特征;另一方面,文字应尽量简练,不能成为图形图像原貌的文字描述,也不是数据表格的复述。图表在论文中的放置位置一般遵循"图表随文"的原则,即先见文字表述后见图表,并且图表应尽量靠近对它的文字表述,一般放置在文字段落后,这样既符合阅读顺序,又便于文字与图表的对照。

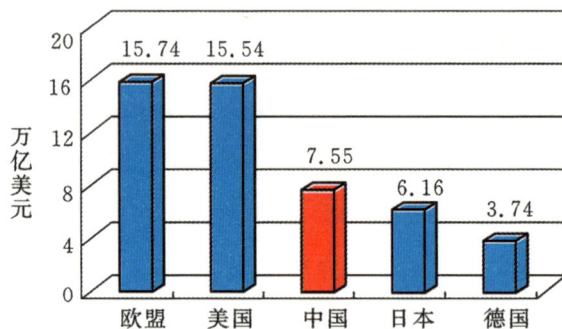

（a）PPT 版本

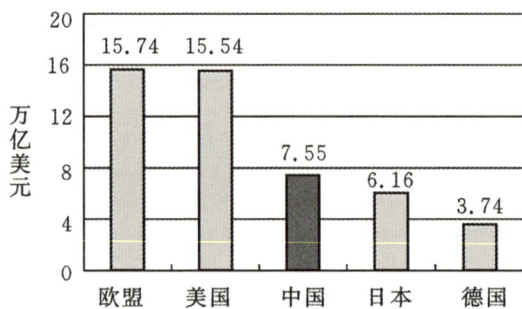

（b）科技论文版文

图 6-1 2011 年不同国家/地区的 GDP 对比图

6.1 图片的设计与制作

6.1.1 照片

照片作为一种记录性的图片,可以展示作者的成果,例如样品、电路板等初步的产品。作者可以用照片提供更生动的场景,例如现场实测场面、仪器安装环境等。此外,照片的使用还可以用来显示数据的真实性,特别是用带有图像的仪器测量输出的数据,例如示波器的波形,超声探测器的输出特性,电脑或手机截图等。

例如,图 6-2 所示照片为文献[1]中的插图。该照片展示了该论文所开发的 SORA 软件无线电平台中的射频控制板。读者从图片中可以清晰地看到该

52

电路上一些主要器件的布局及型号。该论文获得 2009 NSDI 会议的最佳论
文奖。

图 6-2　SORA 软件无线电平台的射频控制板[1]

图 6-3 所示照片则展示了真实的实验场景[2]。该实验中，两个从节点向
主节点进行闭环分布式波束形成。该照片清晰地展示了各节点包括仪器之间
的连接关系。不仅生动地展示了实验场景，显示了实验的真实性，同时有利于
感兴趣的读者进行该实验的重现。图 6-4 则给出了在该波束形成实验中，频
谱分析仪的功率记录结果，展示了分布式协作节点功率叠加随着时间的变化。
由于该图为频谱仪的测量输出，作者一方面展示了实验效果，另一方面也表明
了实验数据的真实性。

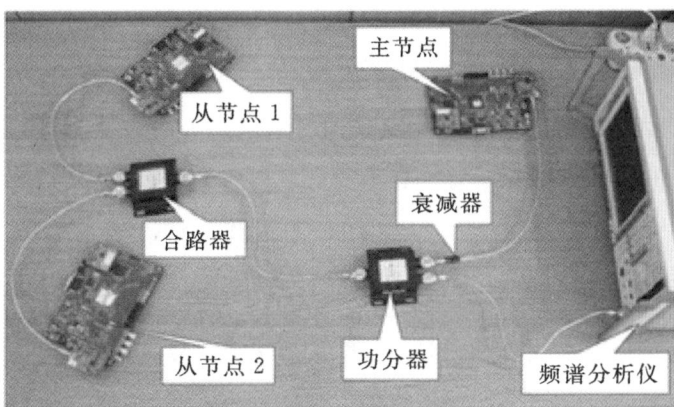

图 6-3　两从节点向主节点闭环分布式波束形成的实验图[2]

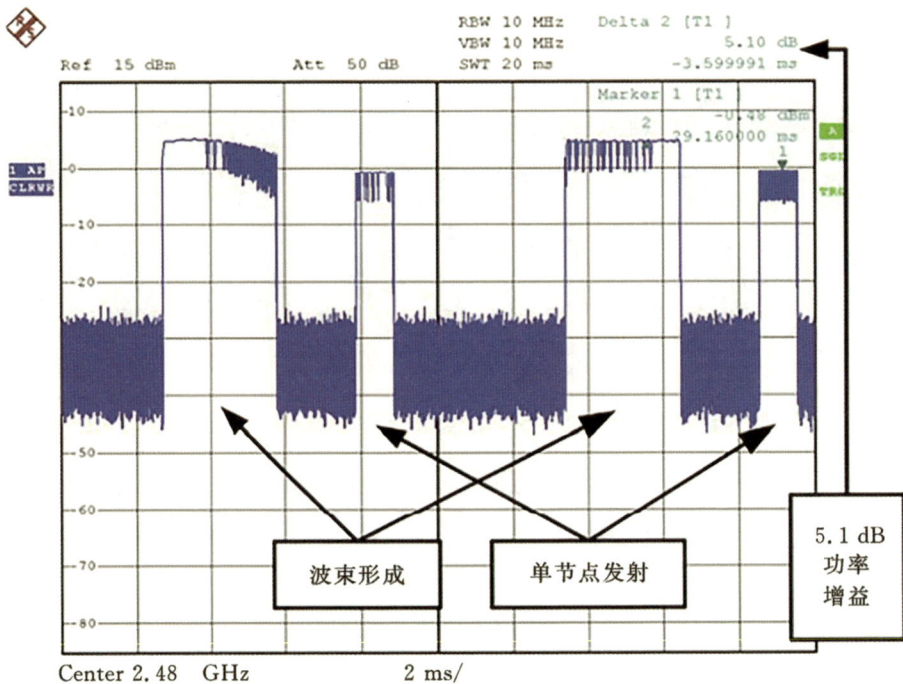

图 6-4 分布式波束形成实验中频谱分析仪的输出图[2]

6.1.2 统计图

统计图是一种展示定量结果的图形。实验结果是论文的核心和主要部分，可以提供第一手数据，证明作者的工作进展和研究工作的真实性，表明作者的科研能力。采用统计图，即用图形代替数据，获得直观形象的效果。统计图是用图形将统计数据形象化，利用线条高低、面积大小代表数量，通俗易懂，比文本与统计表更便于理解和比较。利用统计图展示数据时，一般并不关注数据在图中表达的精确性，而是注重图中的比较或呈现的某种规律，启发思考数据的本质，分析数据揭示的规律。

统计图种类较多，常用的包括线形图、条形图、直方图、散点图、饼形图等。在科技论文中，应根据数据的类型及表达目的选用合适的统计图。

(1)线形图(XY线图)：展示两个变量之间的定量关系(趋势、连续变化)。

(2)条形图：自变量为分类数据，对不同性质的分组数据进行对比。

54

（3）直方图：一维变量的统计分布图。

（4）散点图：两个变量的分布，或者展示两种变量的相关性和趋势。

（5）饼形图：说明事物各组成部分的构成比例情况。

所谓图文并茂，论文中每一个图都必须在正文中提及，并对统计图所反映的事物关系或趋势做出解释或得出结论。一般的统计图具有以下结构：

（1）图号、图题：图号、图题一般位于图的下方。在英文论文中，图（Figure）可简写为"Fig."，图号按照图在文章中出现的顺序用阿拉伯数字依次排列（如Fig. 1、Fig. 2 等）。对于复合图，往往多个图共用一个图号、图题，但每个分图都必须明确标明分图号（如 a，b，c 等），在正文中叙述时可引用为"Fig. 1a"。复合图的分图题也必须区分出每一个图并标出各自反映的数据信息。

（2）坐标轴标注：对于含有横轴、纵轴的统计图，坐标轴、标值线的画法应规范，标目、标值、坐标原点应标注完整、规范、统一。表示定量变量的研究时，坐标轴标值线应等距或具有一定规律性（如对数尺度），并标明数值。横轴标值线自左至右，纵轴刻度自下而上，标值一律由小到大。一般纵轴标值线必须从"0"点开始（对数图、点图等除外）。

（3）图例：图中用不同线条、图像或色块代表不同数据时，应该用图例说明。图例应该清晰易分辨。

6.1.2.1　常用的统计图类型

下面列举常用统计图的示例及相应的注意事项。

1. 线形图 （XY 线图、XY Line Graph）

线形图一般用来表明因变量随着自变量的变化关系，其中变量可以是离散的也可以是连续的。横轴（X 轴）为自变量，纵轴（Y 轴）为因变量。例如，可以在线形图中用一条曲线展示西安市区温度随着时间的变化。可以令横轴为自变量时间，纵轴为因变量温度。当一个线形图中具有多条曲线时，一定要用可以区分的图例表示，图例清晰便于辨认。图 6-5 给出了一个包含多条曲线的线形图示例。图中标出了"图号""图题""横轴""纵轴""横轴标目""纵轴标目"

"图例"等元素。图6-6中的四条曲线采用了清晰可区分的标记。

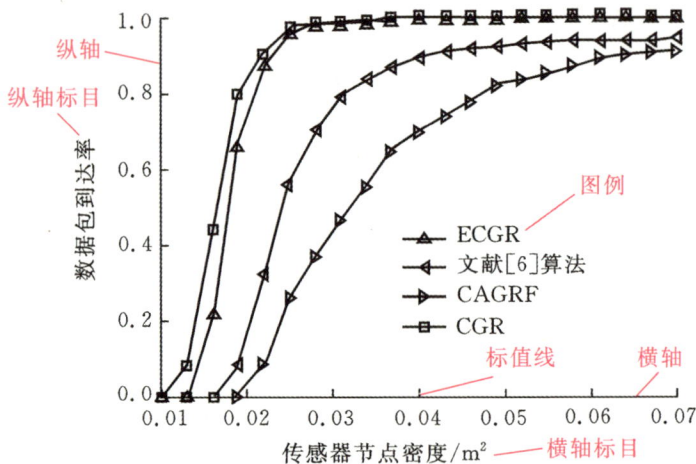

图 5　PRR 在不同算法中的性能对比曲线

图 6-5　一个具有多条曲线的线形图示例

线形图还可以采用具有误差线（Error Bar）的曲线。如图 6-6 所示，每个点一般表示平均值，同时在图中显示每个点的误差范围。同一曲线中的各个点用线段按顺序连接起来，以表示纵轴因变量随横轴自变量的变化趋势。误差线表示的误差范围一般可以基于标准差、置信区间等多种方式。具体采用方式一定要在图题或者正文中进行说明。

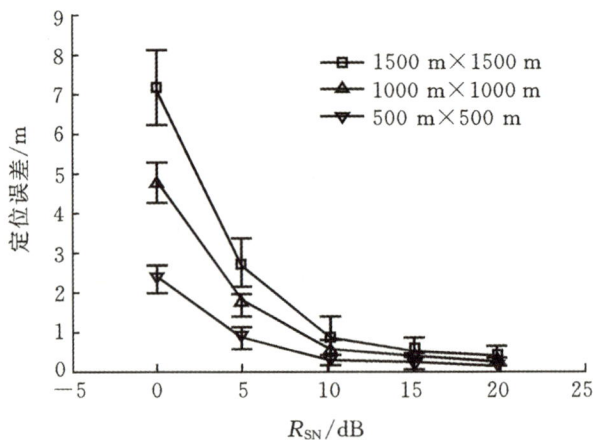

图 6-6　一个具有误差线的线形图示例

2. 条形图 (Bar Graph)

条形图是用条形的高度或长短来表示数据多少的图形,其中各条形宽度相同。条形图是数据分析中比较常用的图形。它能够使人们一眼看出各个数据的大小,易于比较数据之间的差别。条形图可以横置或纵置,纵置时有时也被称为柱形图、柱状图(Column Chart)。此外,条形图也分为简单条形图、复式条形图等形式。在纵置条形图中,横轴代表数据的不同分类,纵轴表示不同类别数据的大小,此时纵轴标值一般从 0 开始。在横置条形图中,纵轴代表数据的不同分类,横轴表示不同类别数据的大小,此时纵轴标值一般从 0 开始。图6-7所示为一个横置条形图的示例,清晰地展示了销售员 A～E 的销售量对比。

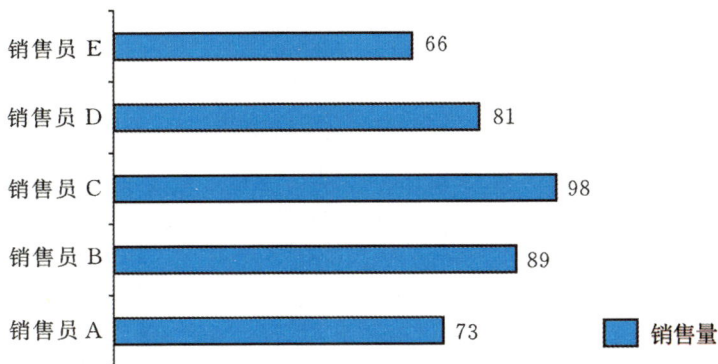

图 6-7 采用横置条形图的销售量对比

与单式条形图相比,复式统计图将同一类分成多个分组。因此,不仅可以进行不同分类数据的比较,还可以进行同一类中不同分组的比较。以纵置的复式条形图为例,横轴为基线,表示各个类别,纵轴表示其数值,标值从 0 开始。在同一类型中,不同分组需要用不同图例表示。各直条宽度一致,各类型之间间隙相等,同一类中的直条之间不留间隔。图 6-8 所示为某公司销售量在不同分类"月份"的比较,同时在同一类中,还给出不同分组"地区"的数据比较。基于此,读者不仅可以比较在同一月中不同地区的销售量,还可以同时看到同一地区销售量随着月份的变化。

公司销售情况

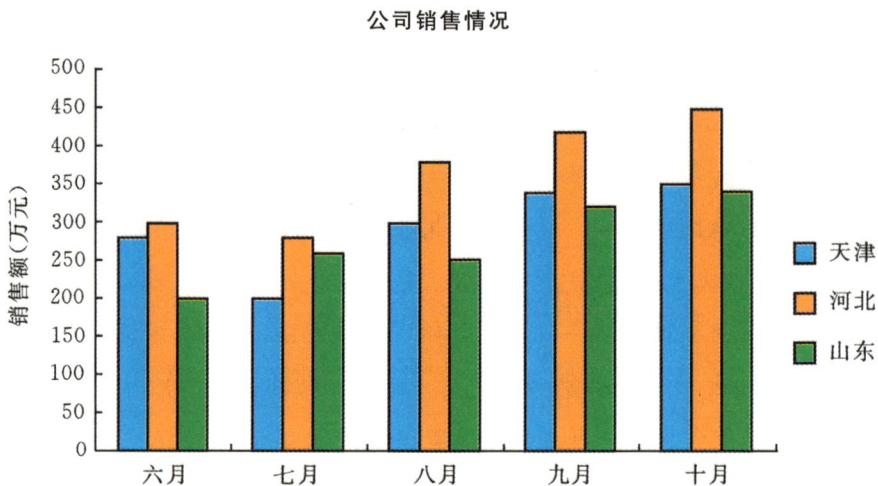

图 6-8 采用纵置复式条形图来展示某公司在不同地区、不同月份的销售量对比

3. 直方图 (Frequency Histogram)

直方图又被称为质量分布图,由一系列高度不等的纵向条纹或线段表示数据分布的情况。一般用横轴表示数据类型,纵轴表示分布情况。从某种程度上,直方图也可以看作是一种特殊的条形图。直方图是以不同直方形面积代表数量,各直方形面积与对应数据的大小多少呈正比。往往用于表达连续性数据的频数分布。此时横轴表示连续变量,纵轴表示频数,纵轴刻度从 0 开始。纵轴可以是绝对数(如计量)也可以是相对数(如百分比)。在直方图中,各直条间一般不留间隙,各直条可用直线间隔,也可不用直线形成一个多边形图。图 6-9 利用直方图来展示某班级女同学的身高分布,其中每个直条高度反映了相应身高区间的人数。为了精确起见,图中为每个直条还标出了高度数值(人数)。

为了构建直方图来展示连续性数据的频数分布,第一步是将值的范围分段,即将整个值的范围分成一系列间隔,然后计算每个间隔中有多少值。这些值通常被指定为连续的,不重叠的变量间隔。间隔必须相邻,并且通常是相等的大小。具体步骤可以描述如下:

(1)集中和记录数据,求出其最大值和最小值。数据的数量一般应在 100 个以上,在数量不多的情况下,至少也应在 50 个以上。我们把分成组的个数称为组数,每一个组的两个端点的差称为组距。

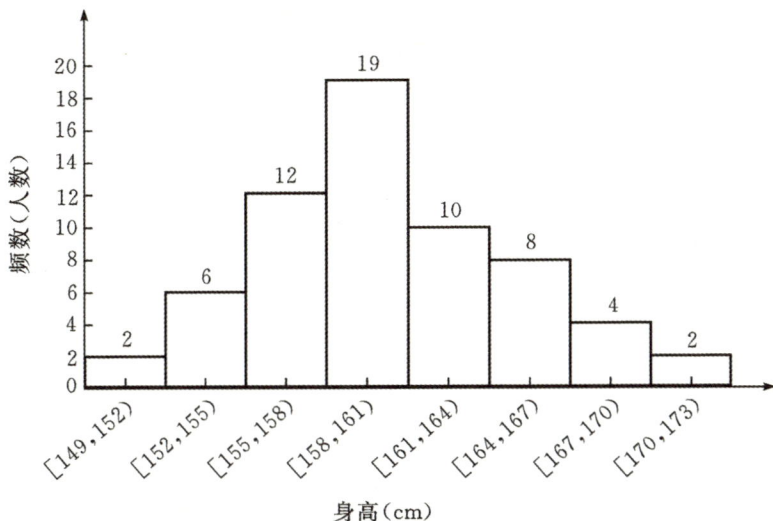

图 6-9　利用直方图展示某班级女同学的身高分布

（2）将数据分成若干组，并做好记号。分组的数量在 5～12 之间较为适宜。

（3）计算组距的宽度。用最大值和最小值之差去除组数，求出组距的宽度。

（4）计算各组的界限位。各组的界限位可以从第一组开始依次计算，第一组的下界为最小值减去最小测定单位的一半，第一组的上界为其下界值加上组距。第二组的下界限位为第一组的上界限值，第二组的下界限值加上组距，就是第二组的上界限值，依此类推。

（5）统计各组数据出现频数，作频数分布表。

（6）作直方图。以组距为底长，以频数为高，得到各组的矩形图。

4. 散点图 （XY Scatterplot）

散点图用于表示两种变量的相关性和趋势。根据点的散布情况推测两事物有无相关。图中含有两个变量，一般横轴（X 轴）表示自变量，纵轴（Y 轴）表示因变量。有时候并没有明确指出哪个是自变量，哪个是因变量，仅仅要表达两个变量间的相关关系，这种情况下哪个变量值设置在横轴/纵轴则无影响。读者一般可以根据点的分布情况，推测两变量间是否相关，判断因变量随自变量而变化的大致趋势。通过趋势的分析判断可以选择合适的函数进行趋势的拟合，找到变量之间的函数关系。因此，散点图核心的价值在于发现变量之间的关系。但是,不要简单地将这个关系理解为线性回归关系。变量间的关系有很多,如线性关系、指数关系、对数关系等等。此外,没有关系其实也是一种重要的关系。图6-10中的三个子图分别基于散点图展示了两个变量呈正相关、负相关及无相关的三种情况。

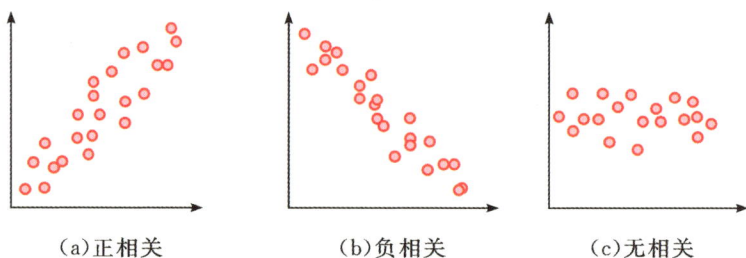

（a）正相关　　　　　（b）负相关　　　　　（c）无相关

图6-10　散点图

散点图的另一个用途是用来展示二维随机变量的分布。横轴和纵轴分别各自表示一个维度。将二维随机变量的样本在图中以散点形式展示出来。如图6-11所示,该图两个子图分别展示了在不同信噪比条件下,无线通信接收机的基带复信号(I和Q二维随机变量)的分布。图中结果清晰表明,当信噪比提升时,复信号的分布越来越汇聚到理想的星座点附近。

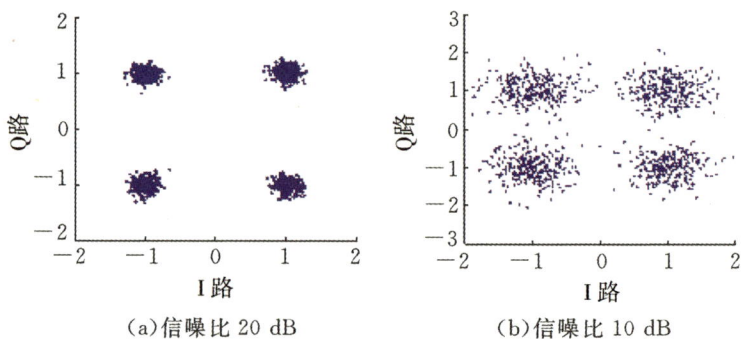

（a）信噪比 20 dB　　　　　（b）信噪比 10 dB

图6-11　IQ解调星座图

5.饼形图

饼形图可以进行一维数据的比较,一般用来显示一个数据系列中各项大小与各项总和的比例。饼图中的数据点显示为整个饼图的百分比。在饼图中很难对不同的扇区大小进行比较,或对不同饼图之间数据进行比较。学术界较少使用。当想要强调某个大扇区在整体中所占比例,饼图仍然有效。用整个圆的面积表示总数,用扇形面积表示各部分所占总数的百分数。例如,图6-12利用饼图展示了以英语为母语的人口分布饼图。该图清晰地表明,美国(USA)在以英语为母语的国家中的人口占了绝大多数。

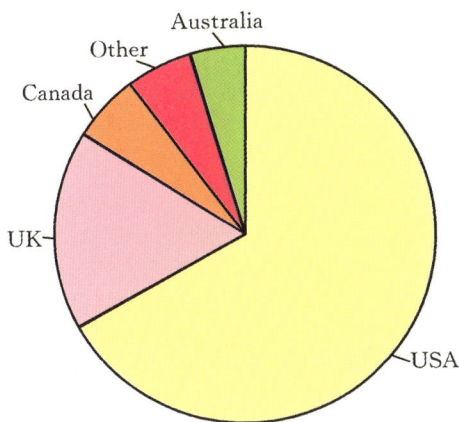

图6-12 以英语为母语的人口分布饼图

6.1.2.2 良好的统计图应具备的特征

1. 采用合适的大小和比例

在科技论文中,统计图的宽略大于高,宽高比例约1.2～1.5。当单栏排版时,宽120 mm左右。当双栏排版时,宽约90 mm左右。需要注意的是,一篇论文中同类图片的大小比例应保持一致!

2. 采用合适的种类

统计图种类不同,它们所能表达的数据类型不同,功能和适用场合也不同。当希望表达彼此独立的几个分组中的数量大小时,应选用条形图。当希望反映事物或现象随时间推移的变化趋势时,宜选用线形图。为表明一变量随另一变量而变化的情况应选用线形图(横轴为自变量,纵轴为因变量)。表达两种变量的相关性和趋势可用散点图。对不同分类进行对比时可选用条形图。说明事物各组成部分的构成情况可用饼图或百分比条形图。表达变量的分布可用直方图。最多见的类型选取错误有:条形图与线形图的混用、线形图与散点图的混用等。

图6-13展示了2018年国家自然科学基金项目资助数量排名靠前的单位情况,其中(a)和(b)子图分别采用线形图和条形图。由于线形图中横轴往往表示自变量的变化,该例中横轴代表了不同的单位(分类)。因此,该例更适合采用条形图进行对比。

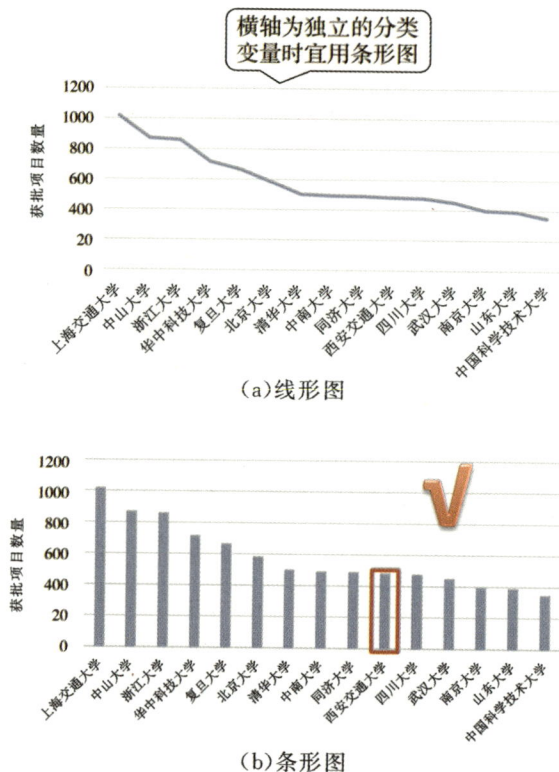

（a）线形图

（b）条形图

图6-13　2018年国家自然科学基金项目资助数量排名

3.具有自明性

自明性(Figures should stand-alone),即只看图、图例和图题即可理解图意,掌握图所体现出的信息及图中实验是如何进行的。统计图表最大的特点就是具有自明性,即不读正文,只看图也能明白所表达的全部内容。最常见的问题是图题不准确或缺失、缺少纵横轴标目、坐标上没有标值、缺少计量单位和必要的说明及图例。

如图6-14所示,图题、图例、图注不仅可以给出图中实验的关键参数设置、图中结果的补充说明、实验条件等,甚至还可以包含图中结果期望所表达的关键信息。

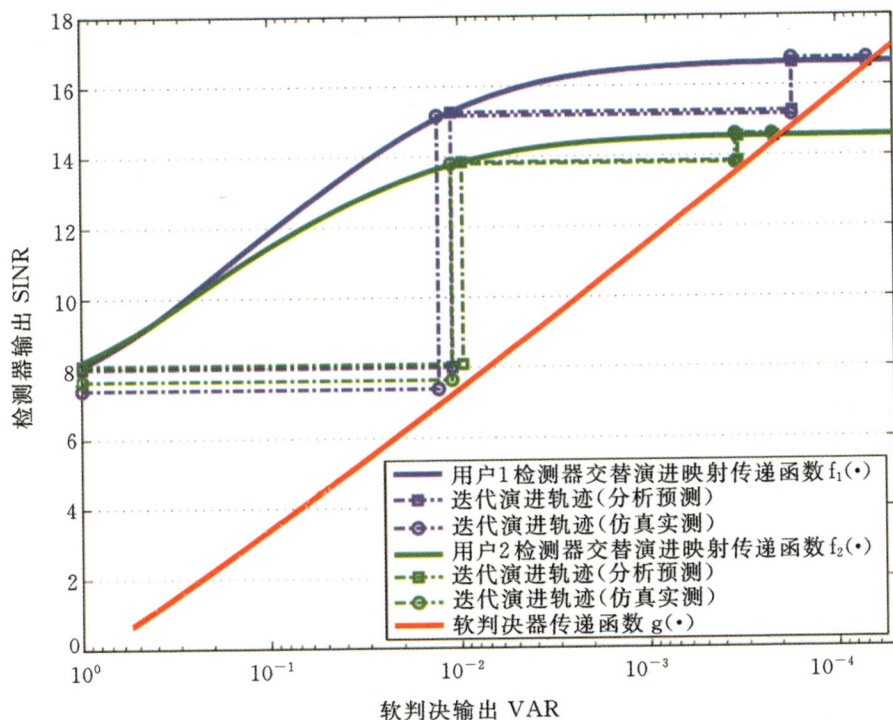

图 6-14　两用户迭代过程交替演进映射图[3]

（注：HIPERLAN/2 A 类信道模型,QPSK 调制,信噪比 15 dB,方块虚线为表征各用户 SINR 和 VAR 在相应多用户检测器与软判决器之间交换传递的理论演进轨迹,圆圈虚线则为其相应仿真实测结果。演进轨迹的理论预测与仿真实测结果颇为吻合,且均收敛于 SINR 交替演进映射曲线的交点处。）

4. 简洁清晰

简洁清晰是统计图一个基本的要求,特别是当图中需要同时展示多条曲线时。当图中曲线较多时,可以适当使用灰度和彩色来提高曲线之间的清晰性和可区分度,如图 6-15、图 6-16 所示。

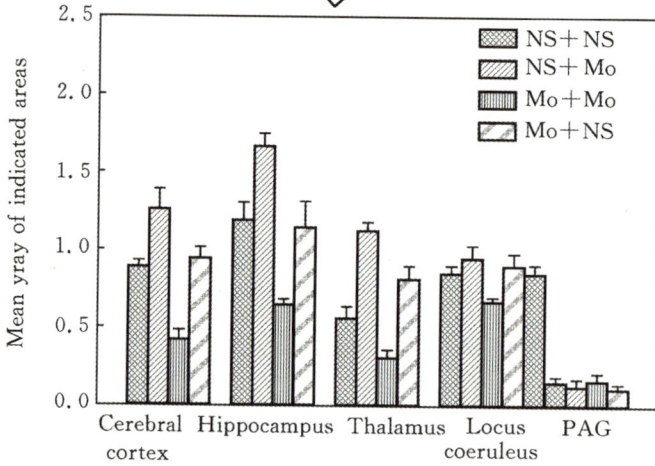

（a）图例区分度不大

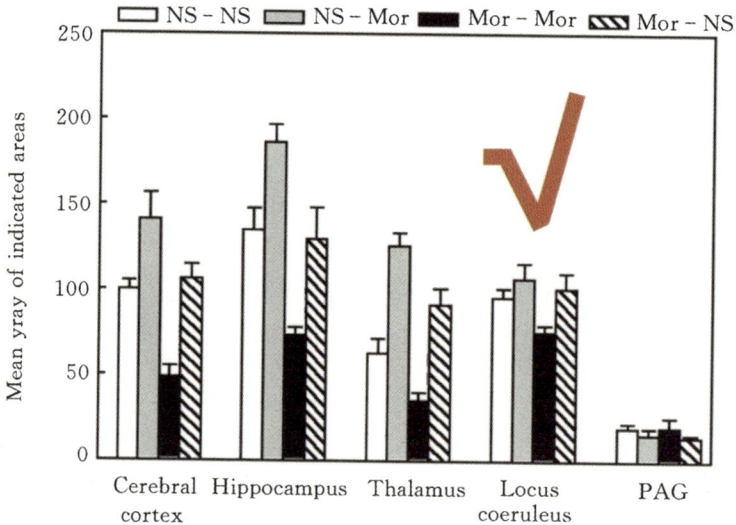

（b）图例区分度大

图 6-15　采用清晰可分辨的图例

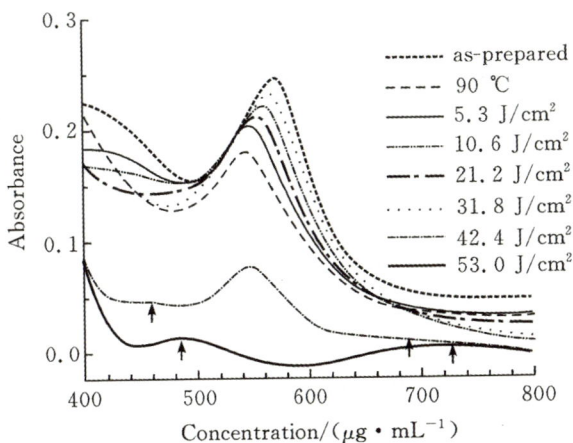

（a）纯灰度图

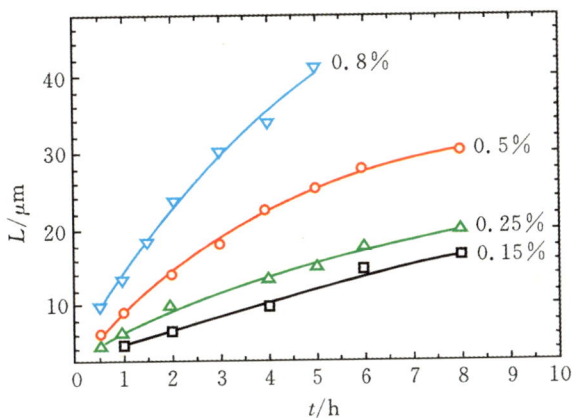

（b）彩色曲线

图 6-16　适当采用彩色来提高曲线的清晰性

5. 合适的标值

　　良好的统计图还应当采用合适的坐标值范围。通过调整纵轴坐标值范围，使得曲线最好占据纵轴约 2/3 至 3/4 的高度。图 6-17 给出了一个比较极端的示例。在图 6-17(a) 中，纵轴坐标值范围过大，两个曲线几乎完全贴在一起，基本看不到两者之间的差异。图 6-17(b) 通过缩小纵轴坐标值范围清晰地展示了两条曲线的差异。

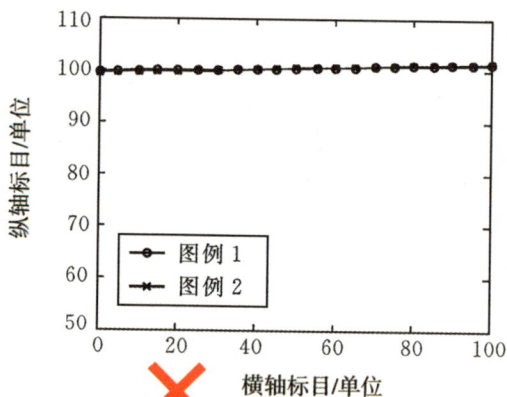

（a）线性坐标

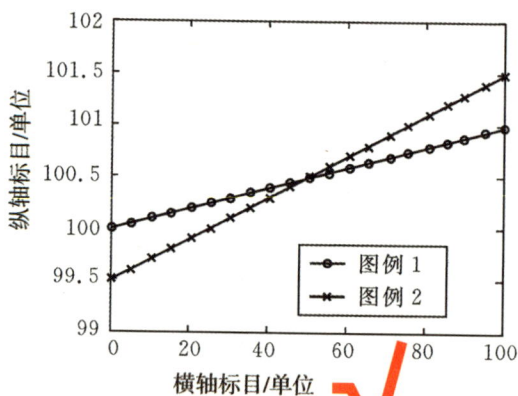

（b）对数坐标

图 6-17　采用合适的纵轴坐标值范围

当数据取值范围非常大时，为了画出完整的曲线图，通常可以采用对数坐标系。相比于普通线性坐标系，对数坐标系的特点是"使小的差异放大，大的差异缩小"。如图 6-18 所示，该图试图比较 BPSK 和 QPSK 两种调制方式下的误比特率（BER）曲线对比。曲线的纵轴范围为最小 0.0001，最大接近 0.3。纵轴的最大最小取值之间相差了三个数量级。因此，在这种情况下，如果纵轴采用线性坐标系，如图 6-18（a）所示，两条曲线在纵轴小数值的区间内几乎完全看不出差别。相比之下，如果纵轴采用对数坐标系，有效放大了小的差异，由此可以清晰地看到两条曲线在小数值区间内的对比，如图 6-18（b）所示。

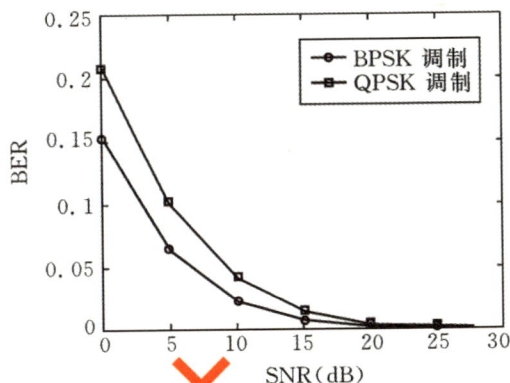

（a）线性坐标

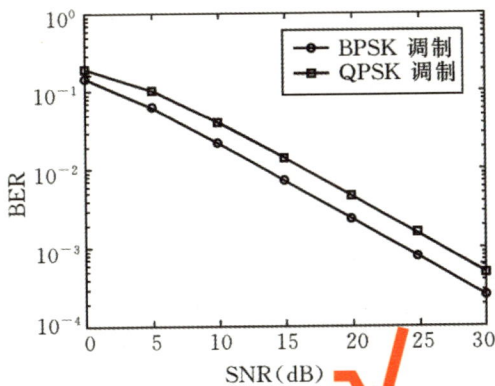

（b）对数坐标

图 6-18　线性坐标和对数坐标的对比

6. 恰当地采用辅助标记

在一幅统计图中，如果同时展示了多条曲线，为了方便读者更清晰地进行辨识，有时在不影响图形美观的条件下可以适当地在图中增加一些辅助标记。常见的辅助标记包括文本框标记、双图例及放大镜等。如图 6-19 所示，该图一共包含了八条曲线，分为两组，一组为实线，一组为虚线。实线和虚线分别代表了不同的实验条件。为了使读者一目了然，图 6-19 中分别将实线和虚线圈在一起并用文本框给出了相应的实验条件。在图 6-20 中，由于实线和虚线相互交错，不方便再圈在一起，因此采用双图例的形式。图 6-21 则采用放大镜的功能,将图中的一处细节进行了放大展示,使读者更清晰地看到几条曲线在细微处的差别。所有辅助标记的加入都是以尽可能清晰地向读者传递信息为目的。

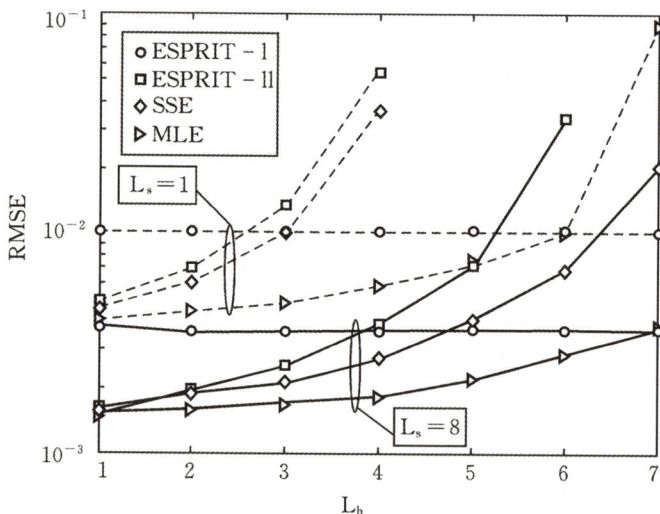

图 6-19　恰当地采用辅助标记[4]

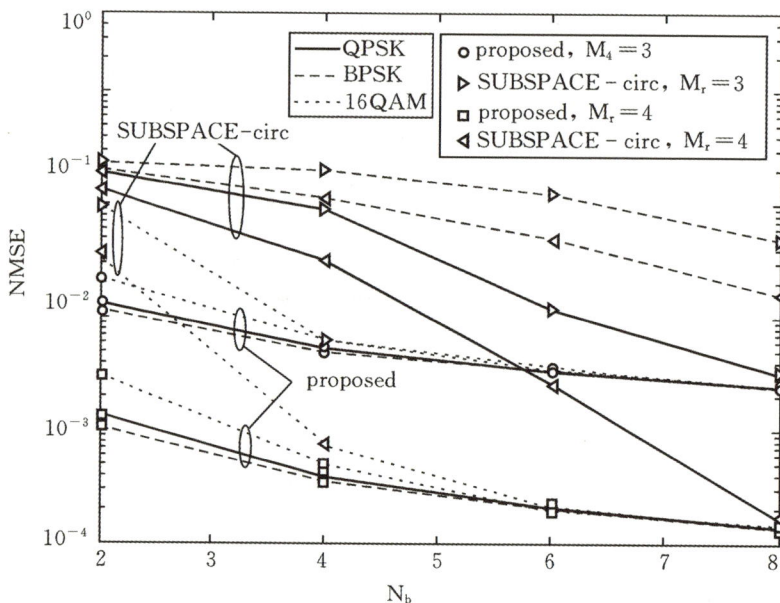

图 6-20　采用双图例[5]

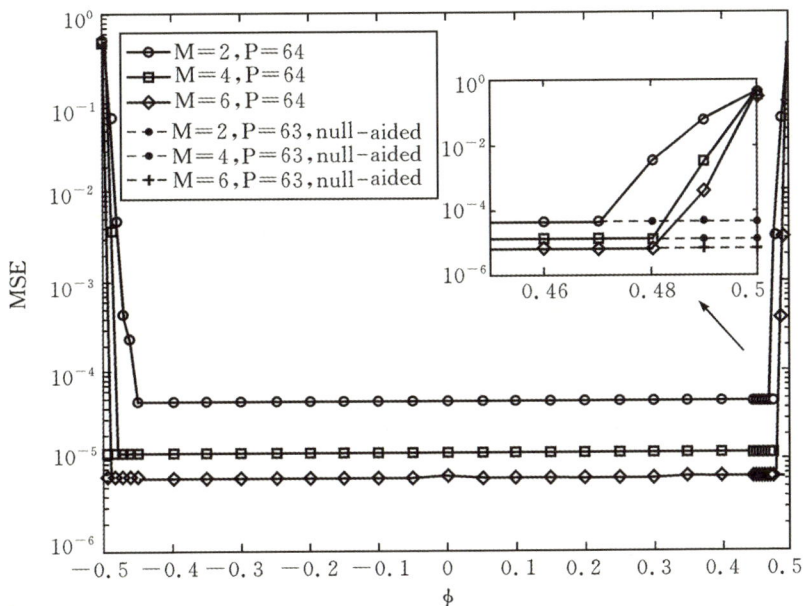

图 6-21　采用放大镜[6]

6.1.3　流程图

流程图是按照过程发展的连续顺序,用特定图形语言和结构将过程的各个独立步骤及其相互联系展示出来。一个好的流程图可以让人直观地知悉整个过程。流程图采用简单规范的符号,具有画法简单、结构清晰、逻辑性强、便于描述、容易理解的特点。科技论文中的流程图主要包括工序流程图和算法流程图。

流程图的常用符号包括图 6-22 至图 6-27 所示的几种:

图 6-22　路径(Path):有向线段,指出流程控制方向

图 6-23　开始符、结束符(Start&End)

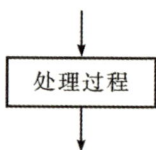

图 6-24　处理框(Process):框中指出要处理的内容,通常一个入口和一个出口

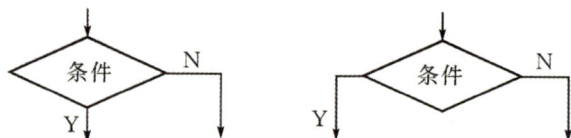

图 6-25　决策框(Decision):表示分支情况

(注:决策框有四个顶点,通常上顶点表示输入,输出顶点一定有两个或者多个。)

图 6-26　数据输入、输出(Input,Output)　　图 6-27　预定义流程(Predefined Process)

常用的流程图结构如图 6-28 至图 6-30 所示。

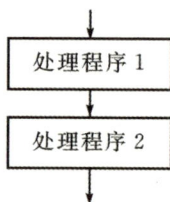

图 6-28　顺序结构　　　　　　　　图 6-29　选择结构

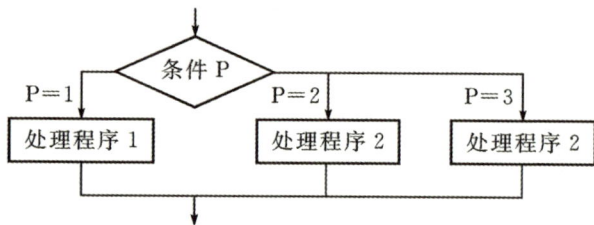

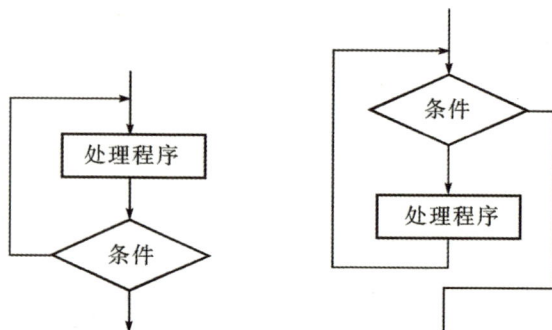

（a）While-Do　　　　　　　　（b）Do-While

图 6-30　两种循环结构

流程图绘制一般遵循以下原则：

(1)字体、字号、格式及底色保持一致。

(2)流程图符号排列顺序应由上而下，由左向右。

(3)相同符号大小保持一致。

(4)路径应避免相互交叉（无法避免时可使用断开符）。

6.1.4 示意图

示意图包含的范围很广，描述或表示物体的形状、大小，物体之间的联系（关系），描述某器材或某机械的结构和基本工作原理，描述某个工艺过程的简单图示等都可以叫做示意图。示意图的特点是简单明了、突出重点，忽略次要细节。在科技论文中，示意图可以用来展示软硬件系统的结构、展示系统模型、阐述关键算法的核心思想等。与展示数据的统计结果不同，示意图一般没有可以遵循的统一规范与规则。所有的示意图应该满足一个基本原则，即简洁清晰，能够明确表达作者的观点。

例如，文献[1]利用示意图的形式展示了所设计软件无线电系统的结构框架，如图6-31所示。图中清晰地展示了该系统的组成结构：多核CPU通过高速PCIe接口与射频控制板(RCB)进行内存访问，RCB又与多块射频板相连接。图6-32则是文献[2]中绘制的分布式波束形成技术的示意图。图中清晰地展示了分布式波束形成技术的基本原理：多个分布式节点通过协作方式实现远距离的传输覆盖。图6-33和图6-34则分别是文献[7]和[8]中用来描述所提方法核心思想的示意图。

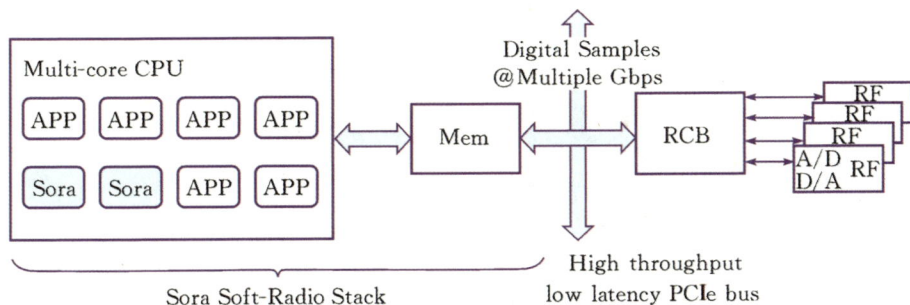

图6-31 软件无线电系统的结构框图[1]

71

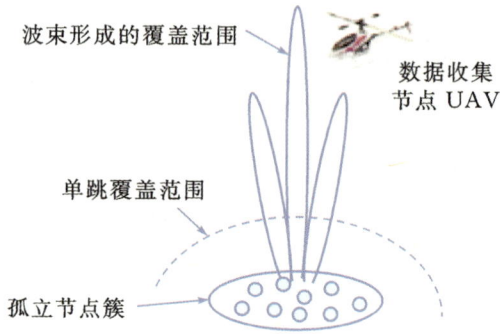

图 6-32　分布式波束形成的系统示意图[2]

（a）Facing AP.　　（b）Back facing AP.　　（c）The user rotating in place.

图 6-33　文献[7]中关键算法思想的示意图

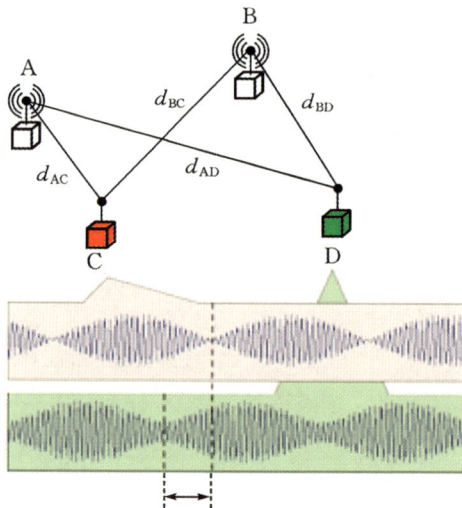

$$\text{phase offset} = 2\pi \frac{d_{AD} - d_{BD} + d_{BC} - d_{AC}}{\lambda_{carrier}} (\text{mod } 2\pi)$$

图 6-34　文献[8]中关键算法思想的示意图

6.2 表格的设计与制作

表格，又称为表，既是一种可视化交流模式，又是一种组织整理数据的手段。数据是科技论文的核心内容。作为数据表述主要形式之一的表格，因具有鲜明的表达量化信息的功能而被广泛采用。在科技论文中，统计图和表格都可以进行数据的展示和对比。统计图一般用来展示数据的分布特征或变化趋势。相比之下，表格则更强调展示给读者精确的数值。

在各类表格形式中，三线表以其形式简洁、功能分明、阅读方便等优点在科技论文中被推荐使用。三线表通常只有三条线，即顶线、底线和栏目线。当然，当表中栏目层次较复杂时，可以适当在上述三条主线基础上增加辅助线来提供多层次的栏目，提高阅读的清晰度。但无论加多少条辅助线，仍称作三线表。图 6－35 和图 6－36 分别给出了一个典型的三线表和具有辅助线的三线表。

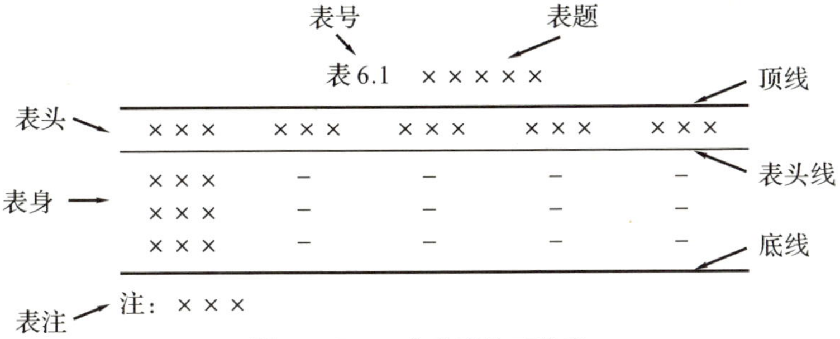

图 6－35 一个典型的三线表

栏目	栏目		栏目	
	子栏目	子栏目	子栏目	子栏目
×××	×××	×××	×××	×××
×××	×××	×××	×××	×××
⋮	⋮	⋮	⋮	⋮
⋮	⋮	⋮	⋮	⋮
合　计	×××	×××	×××	×××

注：

图 6－36 具有辅助线的三线表

在绘制表格时,经常会遇到如下两种情况:

(1)宽表分段排:当表格横向项目多、竖向项目少时,可将表格的横向裁为 2 段或 3 段,转换为上下叠置的形式。表头重复排,上下两段用双横细线隔开,如图 6 - 37 所示。

表 6.2　两种心理健康状况的各因子比较

组别	强迫	敏感	抑郁	焦虑	偏执
研究组	—	—	—	—	—
对照组	—	—	—	—	—
组别	恐怖	精神病性	敌对	躯体化	总均分
研究组	—	—	—	—	—
对照组	—	—	—	—	—

图 6 - 37　一个基于宽表分段排的示例

(2)长表转栏排:当表格横向项目少、竖向项目多,即横短竖长时,可把表截断,平行地转排成 2 列或 3 列,列与列之间用双线隔开,如图 6 - 38 所示。

表 6.3　×××××

	A	B	C		A	B	C
1	—	—	—	6	—	—	—
2	—	—	—	7	—	—	—
3	—	—	—	8	—	—	—
4	—	—	—	9	—	—	—
5	—	—	—	10	—	—	—

图 6 - 38　一个基于长表转栏排的表格

小结

图和表是科技论文和报告的重要元素。本章首先介绍了如何绘制有效的图形,其中重点介绍了统计图的常见类型,并通过引用大量实例介绍了良好的统计图应当遵循的规范。本章最后对表格的设计进行了介绍。

参考文献

[1] TAN K, LIU H, ZHANG J, et al. Sora: high performance software radio using general purpose multi-core processors[C]//Proc. 6th USENIX Symposium on Networked Systems Design and Implementation, Boston: USENIX, 2009.

[2] 王晨. 无线通信系统中分布式波束形成关键技术研究[D]. 西安: 西安交通大学, 2012.

[3] 韩玮. 无线通信迭代收发机联合优化设计[D]. 西安: 西安交通大学, 2013.

[4] ZHANG W, GAO F, YIN Q, et al. Blind carrier frequency offset estimation for interleaved OFDMA uplink[J]. IEEE Transactions on Signal Processing, 2012, 60(7): 3616 - 3627.

[5] ZHANG W, GAO F, YIN Q. Blind channel estimation for MIMO-OFDM systems with low order signal constellation[J]. IEEE Communications Letters, 2015, 19(3): 499 - 502.

[6] ZHANG W, YIN Q, WANG W. Blind closed-form carrier frequency offset estimation for OFDM with multi-antenna receiver[J]. IEEE Transactions on Vehicular Technology, 2015, 64(8): 3850 - 3856.

[7] ZHANG Z, ZHOU X, ZHANG W, et al. I am the antenna: accurate outdoor AP location using smartphones[C] // Proceedings of the Annual International Conference on Mobile Computing and Networking. Las Vegas : MOBICOM ,2011.

[8] MARÓTI M, VÖLGYESI P, DÓRA S, et al. Radio interferometric geolocation [C] // Proceedings of the 3rd international conference on Embedded networked sensor systems. San Diego: ACM, 2005: 1 - 12.

第7章

科技论文的评审与道德规范

科技论文的类型众多,包括会议论文(Conference Paper)、各类期刊论文(Journal Paper)、图书章节(Book Chapter)等形式,其评审流程各异。本章将详细介绍各类常见科技论文的评审流程,以期对读者在稿件准备、投稿、修改及与编审人员的互动交流等环节提供借鉴参考。

对科学研究而言,诚信为本的原则应当贯彻始终。科技论文作为科研成果的输出环节,也必然对于作者的诚信及各类相关道德规范有着严格的要求。本章将介绍科技论文相关的学术道德规范,期望对科研人员和学术科研管理部门提供一定的参考与借鉴。

7.1 科技论文的评审过程

常见的科技论文包括各类会议论文和期刊论文。期刊包括正刊、专刊(主编按照各类主题设置)、增刊等。上述各种形态的科技论文评审过程各有不同,本节将分别进行介绍。

1. 会议论文的评审过程

国内外的各种学术机构会定期或不定期地针对某些特定的研究主题组织召开学术会议,依据会议的规模,可以分为 Congress(大会)、Conference(会议)、Workshop(研讨会)等。会议举办前,组织方会通过各种渠道和媒介发放征文通知(Call For Papers,CFP),明确学术会议的主题及论文初稿提交时间、录用通知发放时间等。因为存在明确的时间节点,所以会议论文的评审时间是相对可预期的。

会议稿件会由会议的技术委员会主席(Technical Program Chair,通常有3～4名共同主席)分配给技术委员会的各位委员(即审稿人)审稿,每篇论文平均有3～5位的审稿人。评审标准一般包括与会议主题的相关性、论文的原创性、所提方法的正确性、新颖性、可行性，论文文辞的流畅性和逻辑性，实验结果的可靠性，以及参考文献的完整性与相关性等。如果是英文稿件，还通常包括对科技英语写作水平的评价。

会议论文评审通常采用单盲(Single-Blind)模式，即审稿人知悉作者身份，但作者并不知道审稿人身份。如果审稿人与某论文作者存在合作关系或利益冲突，则其不会被分配成为该论文的审稿人。由于委员会主席掌握的信息可能并不全面，如果出现利益冲突或相关的评审派送，审稿人原则上应向技术委员会主席申请退审相关稿件，主席会重新派送。

临近发放录用通知的时间节点，技术委员会主席会催促并收集审稿意见，按照设定的评审标准进行综合评分。综合考虑会议规模及历史录用比例，设定分数阈值，录用高出分数阈值的论文。会议组委会将通过稿件管理系统发放录用或拒稿通知，以 E-mail 的形式通知各位论文作者，并提供详细的审稿意见。一般而言，录用或拒稿通知会准时发放，但有时由于投稿量大，审稿意见回收进度慢、评分汇总工作量大等因素，会稍作推迟。

一些会议投稿时只需要在截止日期之前提交论文摘要(Abstract)，而无须提交全文(Full Paper)，审稿人直接对摘要进行评审。待论文录用之后，再提交全文。

需要指出的是，大部分的会议论文评审只有一轮，没有修改后复审。个别的会议(特别是主题非常聚焦的专题研讨性会议)会有额外轮次的论文修改和复审，同样也有较为明确的时间节点。

2. 期刊正刊论文的评审过程

期刊论文的评审时间相对会议论文而言周期通常更长，各个环节没有特别明确的时间节点。

作者投稿后，编审人员会对论文进行初审，如果不符合期刊标准或存在其他一些明显问题，会直接退稿。论文通过初审后，一般期刊会安排 3 名以上审稿人对论文进行评审。这个阶段的评审时间通常较长，从作者投稿到第一次收到审稿意见,通常需要至少 3 个月左右。期刊论文的评审结论包括退稿(Reject)、大修(Major Revision 或者 Conditional Reject)、小修(Minor Revision 或者 Conditional Accept)、录用(Accept)等。有的国际期刊还包括 Reject and encourage to resubmit(退稿但鼓励重投)的结论(或者编辑在回复正文中指明),虽然编辑一般会把重投的论文当作新论文处理,但可能会给予一些关注。通常评审结论是小修时,给作者的修改时间较短(通常为 20~30 天),大修相应的时间更长(3 个月左右)。如果评审结论是论文需要修改,作者需要在对照审稿意见仔细修改论文的同时认真撰写针对审稿意见的回复(Answer File 也称 Response Letter),并于修改截止日期前在投稿系统中提交,等待下一轮的评审。如不能按时完成修改,可提前向当前论文的责任编辑发邮件,申请宽限时间。如此往复,直至论文最终被退稿或录用为止。需要指出的是,个别期刊对修改总次数有规定,如果修改超过一定次数仍未达到录用标准,编辑有时也会选择退稿。

让我们从另一个角度,即以投稿网站上常见的稿件状态变化来总结梳理期刊评审流程。

(1)状态 1:已投稿,编辑未处理(Submitted to Journal)。

(2)状态 2:编辑开始处理,此时论文一般会有正式的投稿编号(With Editor)如果出现格式不规范或者其他影响论文评审的原因,编辑会将稿件退回给作者修改并重新投稿,这时的状态显示为:退回给作者(Sent Back to Authors)。

(3)状态 3:编辑已经邀请审稿人,等待审稿人确认(Reviewers Invited)。

(4)状态 4:审稿人开始审稿(Under Review)。

(5)状态 5:所需审稿意见已返回(Required Reviews Completed)。

(6)状态 6:编辑正在给出对稿件的处理意见(Decision in Process)。

(7)状态 7:录用/小修/大修/退稿(Accept/Minor Revision/Major Revision/Reject)。

如果不同审稿人意见冲突较大,编辑会额外加送审稿人,状态一般会由

Decision in Process 重新变回 Under Review。

作者针对稿件做了修改之后，重新上传，稿件号末尾一般会附加上 R1，R2,…，这里 1,2,…代表修改的次数。

上述投稿系统中的状态演进所体现的稿件处理评审流程，针对不同的期刊稍有不同，有些环节比如 Reviewers Invited 以及 Decision in Process 不会显示，或者持续的时间较短，作者未及察觉就已经更新至下一个阶段。

期刊论文的评审标准一般是参照期刊提供的离线或在线评审表格的要求执行。这些标准通常包括：创新性、正确性、数据翔实性、条理性、文献完整性、与期刊相关性、对工程实践的意义等。如果是英文期刊，还包括科技英语写作的评分。

为公平起见，学术论文评审一般均采用匿名评审（审稿人知悉作者身份，但作者并不知道审稿人身份），有些领域（如计算机科学与工程领域）的国际会议和越来越多的国内学术期刊论文采用双盲审制度（即审稿人与作者双方均不知道对方的身份）。

3. 期刊专刊论文的评审过程

期刊论文的专刊（Special Issue）是期刊的某一期或多期聚焦某特定研究主题进行征稿。专刊通常也是正刊（Regular Issue），这与增刊（Supplement Issue）不同。增刊是指期刊遇有特殊需要临时增加的刊期（比如一些会议的论文精选）。由于增刊的刊登量一般较大，学术界对增刊的认可度通常较低。

与期刊论文的一般评审流程相比，专刊论文的评审具有时效性。在这一点上，专刊论文投稿与评审与会议论文相似，会有明确的投稿时限、各轮次评审结论发布的时间节点、修改稿返回的时间节点及论文刊出的时间（年份、期次）。专刊的征文评审一般包括 2 个轮次，会有一次修改环节。专刊论文的评审标准和期刊普通投稿一致，但会在论文与所设立主题的相关性上有更严格的要求。

7.2 科技论文投稿与修改

1. 论文的准备与投稿

做好研究是论文的基础。论文的准备是指论文对应的前期科研工作已经基本完成之后到投稿之前的各项准备工作。论文只是科研成果的一种输出形式,论文的源头是有质量的研究成果。自然而然,水到渠成,不能"为了论文而论文"。

(1)稿件类型的确定。首先要决定的是稿件的类型。从大类而言,可包括会议论文与期刊论文。其中期刊论文根据篇幅长短及学术贡献大小,又通常分为三类。

①长文。长文(Regular Paper,Full Article,Original Article)通常对应于贡献相对更为重要、呈现度更完整、更具系统性的研究成果。

②短文、快报、通信。短文、快报、通信(Notes,Letter,Correspondence)更多地用于呈现初步的研究成果,强调新颖性。此类文章一般短小精悍,审稿和发表周期都相对较短。

③综述(Review,Survey,Overview)。综述性论文通常是针对某一特定话题或研究领域,对其研究发展脉络特别是近期最新研究成果的整理和评论。综述论文大多是由编辑部或会议组委会针对领域专家的特邀论文(Invited Paper)。

作者应基于对自身科研成果的评估来决定稿件类型,因为论文内容主要来自其自身的科研工作,本人更了解实际情况。同时可以听取导师或者同行的建议,参考他们的相关经验。如果作者认为论文的工作贡献足够,且具备一定的系统性和完整性,可以选择长文;如果具备较强的新颖性,考虑时效性,需要尽快发表,可以选择会议论文或者期刊论文里的短文或快报。

(2)选择合适的投稿标的。确定了稿件类型之后,若选择会议论文,则应在互联网上搜索与论文工作密切相关且截稿日期合适的学术会议。这里推荐几个会议信息搜索链接:

①科学网会议专页:meeting. sciencenet. cn;

②中国学术会议网:conf. cnki. net;

③小木虫论坛学术会议板块:muchong. com/bbs/forumdisplay. php?fid=299。

为了减少盲目性,建议咨询导师,选择本领域知名的、有一定历史传承和影响力的会议。

如果选择的是期刊类型的论文,也可以在互联网上搜索与论文工作密切相关的期刊。这里推荐几个期刊信息搜索的链接：

①小木虫论坛 SCI(Science Citation Index,科学引文索引)期刊点评板块：muchong. com/bbs/journal. php；

②小木虫论坛中文期刊点评板块：muchong. com/bbs/journal_cn. php。

不同期刊对于文章学术贡献的要求不同,选择期刊时应该仔细阅读期刊主页上的相关说明。有些期刊或会议仅关注当前热门话题或最前沿的突破性进展,一般会在期刊或会议网站上明示。如果作者论文的研究内容并非特别热门主题或突破性进展,应该予以规避,以免被退稿。

学术期刊的水平和声誉是投稿需要考虑的重要因素之一。学术界对期刊的学术水平和声誉有惯例性的大致划分,如 SCI 收录的国际著名学术期刊,SCI 收录的国际知名期刊、EI(Engineering Index,工程索引)收录的期刊,以及一般的学术期刊。国内期刊包括核心期刊、各子领域的一级学报、会刊等。作者应该结合对自身论文的评估,慎重选择。建议更多地听取导师与同行的意见选择合适的期刊,有时"旁观者清"。

作者在选择期刊时,也应提前考察一下期刊的受众,也就是潜在读者群,结合作者自身做科研和写论文时的期望(更希望有什么样人能看到,比如是倾向于做理论研究的读者还是做工程应用的读者)做出选择。

作者还可以从自己文章列引的参考文献来源(会议、期刊)来选择合适的投稿目标,也就是参考国内外同行们的选择。这样至少研究主题符合度会更高,未来的读者受众也更有针对性。

(3)稿件文档的准备。在选择好要投稿的期刊或会议之后,作者应当仔细阅读相应期刊或会议的投稿指南(Guide to Authors)。

对于期刊而言,一般都会在期刊官方网站上提供详细的作者指南(Author Guidance)或投稿注意事项,包括论文的模板、格式要求,对图表的要求,页数及字数限制,对于摘要、关键词等论文关键环节的特殊写作要求,以及论文的投稿信(Cover Letter,主要提供所投稿件的核心内容、主要贡献和价值,拟投期刊,对稿件处理有无特殊要求等。同时应附上主要作者的中文姓名、通信地址、电话、传真和 E-mail 地址)的准备等。一些期刊(如 Elsevier 系列)还通常需要作者提供论文亮点(Highlights),用简短的 3～5 句话概括文章的主要贡献。一些期刊还要求作者提供图形化摘要(Graphic Abstract),形象直观地展示论文的主要创新点。如果是最终评价很高的论文,其图形化摘要有机会作为论文当期的期刊封面图片。

论文初稿格式和终稿格式往往是不同的。为方便审稿人评阅,初稿通常采用单栏、双倍行距版式,同时要求作者在稿件中添加行号。也有期刊并不作此要求,因此作者在投稿前应仔细阅读期刊的相关要求,以免因此遭到编辑退回做格式修改,以致耽误稿件评审。

学术会议的投稿要求一般会在会议网站的论文投稿(Submission)页面中。会议官方网站通常会明确提供标准稿件模板(一般包括 Word 版本和 Latex 版本)。作者应严格按照相关模板编排论文,否则一些要求严格的会议有时会因论文格式不规范而直接退稿。

需要特别指出的是,中国作者在撰写国际会议或国际期刊论文时,往往会因为使用中文字体造成编辑或审稿人无法正确读取文章内容,最终引发退稿或退回重新修订,延宕文章评审时间。作者应特别留意此事,在撰写稿件时(包括用 Visio 等软件制图、Excel 等工具制表),尽量关闭中文输入法。期刊或会议论文的初稿通常是以 PDF 文件形式上传。在将 PDF 格式文稿上传之前,通过阅读器软件,如 Acrobat Reader 等查看当前稿件所包含的字体,如有中文字体或其他非常规字体,应及时修改替换为模板要求的英文字体之后再上传稿件,或者选择将全部字体嵌入(Embedded)PDF 文件后再上传。

最后,在提交初稿之前,作者应尽可能地修改完善。如下两个流程,相信作者大多青睐后一个:

①提交一个马马虎虎准备的稿件→3～6 月后被退稿(悲剧)→简单修改后提交→再一次被退稿→陷入绝望。

②花费足够的时间修改完善后提交→3～4 个月后得到第一次较为正面的评审结果→在有限时间内认真修改→录用。

正所谓磨刀不误砍柴工,好事多磨。针对投稿前的修改完善,这里给出两点建议:

①避免思维定势:修改一遍之后,可以选择放置几天,先做其他的事情,然后回过头再来修改。

②旁观者清:请导师或同学以审稿人的视角来审查评判,请他们直言不讳,多提宝贵意见。

2.论文评审意见的回复

在收集足够数量的审稿人意见之后,负责该论文的副编辑(Associate Editor,AE)会在对评审意见进行汇总后,做出决断。如果意见分歧较大,副编辑会加送新的审稿人继续评审,返回之后再做定夺。有时也会请主编(Editor in Chief)来定夺。如果结论是大修或小修,则作者需要在规定时限内完成论文修改,返回修改后的稿件及一份独立的针对审稿意见的回复(Response Letter, or Answer file)。这个 Response Letter 非常重要。有时审稿人后续不再细致地看原文,而是根据审稿意见的回复文件给出后续结论。审稿意见的回复实际上是与编审人员交流的重要形式和途径,请作者珍惜这样的宝贵机会,不要草率地对待,只做表面文章去应付。如何回复编辑和评审人的意见,在文献[4]中有详细讨论,作者特别是第一次投稿的新学者可以参考。

以下就如何准备 Response Letter 给出一些建议。

(1)认真礼貌。首先要感谢编辑。一般可以采用如下的方式:

"We very much thank the editor for having handled the review process of our manuscript. The paper has been revised by taking into account the comments for allreviewers. Furthermore, detailed answers to the raised concerns have been provided, as summarized as follows."

对应的中文:

"我们对编辑为我们论文评审付出的辛劳致以诚挚的谢意。论文已经在吸纳了所有审稿人评审意见的基础上做了认真修改。针对审稿人的疑问,也都一一做了详细回复如下"。

同时,也要真诚地感谢审稿人提出的每一条意见,无论是正面的还是负面的。请时刻牢记"审稿人通常花费了很多宝贵的时间来看你的论文"。对于大多数国际刊物的稿件,这种劳动还是义务的(不收取任何审稿费用)。例如可以在针对意见回复前,采用如下语句感谢审稿人:

"We very much thank this reviewer for this comment.

Thanks a lot for the constructive comment.

Thank you for the kind reminding. "

对应的中文:

"十分感谢审稿人的评阅意见。

衷心感谢如此富有建设性的意见。

感谢审稿人的提醒。"

(2)每条意见都要详尽地回复。

①对意见的详细回复应该包含作者对意见的理解及所做的修改,包括文字和图表。如修改太多,可选取几个改动大的典型例子放入 Response Letter。回复的重点是针对评审意见,正文中做了哪些修改,而不仅是解释原文是什么意思,为什么要那样写,尤其不能写成针对审稿意见的辩解。

②对于作者认为不用做或无法做修改的意见,一定要给出详细解释,提供充分理由。也就是说,对于作者认为评审人理解有误的意见,必须给出令人信服、可靠且礼貌的回复。

③详尽回复并不代表啰嗦,要力求言简意赅,回复要在"点子"上。

总而言之,终极目标:审稿人不用看修改稿,只需看回复信即可清楚了解作者几乎所有的修改。作者的认真最能"打动"审稿人。所以作者应该认真仔细回复,避免漏答问题。针对审稿人提出的不那么重要的问题,如语法、拼写、表达习惯等"小问题",也要认真对待,让审稿人和编辑体会到作者的诚意。

3. 如何与编审人员打交道

稿件的投稿、评审、修改、录用、出版等各个环节,作者都免不了要和期刊的编审人员(包括期刊的编辑和审稿人)直接或间接地打交道。这里谈谈与编审人员的交流之道[1]。

（1）关于退稿。只要是有过论文撰写及投稿经历的科研工作者几乎都有过被退稿的经历，包括领域内的著名学者都概莫能外。编审人员一般不会刻意为难作者，因而在被退稿时，不要轻易去找编辑人员抱怨，应首先尽力思考文章被退回的原因，审视自身工作存在的不足。即便作者自认为其自身的工作是正确、有意义、有创新的，但很多问题仁者见仁、智者见智。正如我国近代著名语言文字学家张相在其著作《诗词曲语辞汇释》①中所说的那样："学问者天下之公，见解者人心之异。"所以不能要求评审人一定接受作者的观点。编辑和审稿人针对作者的稿件的确耗费了许多时间，应该珍惜并尊重他们的意见。当确实遇到审稿意见比较随意，或者很明显地带有偏见，可以向总编辑解释和申诉。

被退稿之后不必急于重投，至少要认真考虑吸纳审稿人最后的评阅意见，再次评估自身的工作。同时结合导师的意见，看是否合适投到其他刊物，如果是，继续修改，从头再来。退稿并没有什么大不了的，需要时刻保持良好心态，要记得，好事多磨。

（2）论文修改时，如何应对编审人员存在的误解。对于作者论文里的工作，不同的评审人难免会有不同的看法，甚至是误解，这是很正常的事。有时虽不至被退稿，但作者修改论文及回复评审意见时应小心谨慎应对。当编审人员产生误解时，作者时常会有这样的情绪：运气真差，碰到个外行或不懂行的审稿人。情绪可以理解，但这并非积极的心态，也毫无建设性。作者首先应当"行有不得，反求诸己"，即自责与反思自身的问题：是不是我们自身没有把文章写清楚，表述不明，造成编审人员的误解。编审人员通常都很忙，如前所述，很多国际期刊的审稿都是义务的，既然是"百忙之中"拨冗评审，就不应苛责他们去浪里淘沙外加沙里淘金。作者应该尽可能从自身找问题，如果我们的语言文字逻辑或者文章组织结构能够更合理，是否就能或多或少减少一些这样的误解。作者撰写意见回复时，要捍卫自己的正确观点，但所谓"情欲信，辞欲巧"，至少要

---

① 张相. 诗词曲语辞汇释[M]. 上海：中华书局，1953.

给编审人员一个改变看法的理由，切忌咄咄逼人，逼迫审稿人认错。

（3）论文催审。作者大都希望审稿进程尽可能地快，这都可以理解，但论文初稿投出之后，一般在三个月之内不要向编辑部催审。如果超过三个月没有任何消息，可以尝试发电子邮件询问，但需注意语气和缓。有人打趣说，稿件"不催不理，一催就毙"。或许偶尔会有这样的事件发生，但不能以偏概全，要有"统计思维"。实际上编辑退稿和作者催审没有任何直接关系，大多数的退稿还是因为稿件质量问题。

审稿人大多是高校和科研机构的教授及研究人员，日常工作非常忙碌，未能及时返回意见也很正常。投稿后长时间没有音信，很有可能是卡在某个环节或者出了意想不到的问题（比如投稿系统故障，或者编审人员个人原因），可以适当询问，促使编辑或期刊工作人员发现相关问题。

（4）推荐审稿人。一些期刊会在作者投初稿时，要求作者为自己的稿件推荐审稿人，以及提供一些存在利益冲突需要回避的审稿人。回避审稿人是为了保证评审公正，保障作者的利益，推荐审稿人是为了方便编辑缩短寻找审稿人的时间，因为编辑未必对每个具体研究领域及潜在的审稿人都非常熟悉。注意，作者推荐的审稿人只是编辑的参考，未必会采用。

需要特别指出的是，作者自己推荐审稿人并不是"钻空子，搞小圈子，求放水"的机会。一般而言，符合规定推荐的审稿人，完全是从审稿人的专业水平和研究相关性上考虑的，审稿人不能与作者有任何直接或间接的合作关系或其他利益关联。建议作者可以在自己的参考文献（特别是密切相关的文献）作者中，挑选审稿人，这样相关研究方向的评审人其实对论文水平提升甚至是作者自身科研水平的提高有很大的益处。

为了杜绝一些"小圈子"或"放水"问题的发生，编辑会考察作者与这些被推荐的审稿人之间是否存在合作或利益相关。不要忘记现在已经是大数据、移动互联网时代，这并非难事。还有一些编辑，虽然并不去花费时间做这样的利益关联查询，但也能有效规避放水情况的发生。他们一般都不直接用作者推荐的审稿人，往往用作者推荐的审稿人来评审同领域其他作者的稿件，至少可降低利益相关的可能。

7.3 科技论文发表过程中的学术不端行为

科技论文发表中的形形色色的学术不端行为,可以说是科研中的大忌。学术不端[2,3]不仅伤害科研质量,让涉事的科研人员名誉扫地,还使相关高校及研究机构的公信力大打折扣。近年来,学术不端行为引发了社会各阶层的广泛关注,学术机构和主管部门对待学术不端行为采取"零容忍"态度和措施,以保证学术研究的风清气正。本节将介绍科技论文发表过程中的各类学术不端行为,供全体科研工作者参考。

1. 抄袭剽窃

科技论文抄袭剽窃是指在论文创作过程中抄袭他人的思想、观点、文字、实验结果等,而不标明来源。其中思想观点或核心方法思路方面的抄袭属于严重抄袭。抄袭者通常刻意不标注引用别人的文献,好像观点是自己的。

整段文字的抄袭,不重新组织并恰当复述别人的观点,照抄原话或者改动不大,有时即便注明了参考文献,也是抄袭。所谓复述是指重申他人的观点,而不是逐字复制。不恰当复述包括:

(1)直接采用他人观点的原话,而未放置在引号中。

(2)模仿句型,即使采用不同的措辞。

(3)模仿段落组织,即使采用不同的文字或语句。

怎样才能正确进行复述呢? 首先,作者应该确保其自身真正理解原文作者所表达的句意。永远不要在没有理解的情况下直接复制和粘贴原句。作者可以用两个准则比较自身的复述和原文:

(1)是否在语句上与原文存在足够大的差异?

(2)原来的真实句意是否被保留?

抄袭剽窃后果极其严重。这种学术失范行为被编辑部及学术界认为是严重的过错,影响作者本人甚至包括其所在单位的学术声誉,有时甚至还会连带一些经济和其他形式的处罚。

需要指出的是,把别人的论文翻译成其他语言发表,也属于剽窃行为。国内曾有学者将某小语种的论文翻译成中文及英文发表,后续引发争端,损害了学术声誉。

除了对他人成果和工作的抄袭剽窃,还有一类较为特殊但同样危害巨大的剽窃抄袭行为——自我剽窃,也就是"自己抄袭自己"。简言之,关于剽窃和自我剽窃,就是要严格区分哪些工作或哪些成果是他人的,哪些是自己过往已发表的,以及哪些是自己新近尚未发表的结果,使之泾渭分明,且必须忠实地添加参考文献。需要注意的是,即便文章侥幸录用,剽窃抄袭行为一经发现,期刊会做出撤稿处理,已经录入数据库的论文,会在数据库里明示,"已撤稿"或"Retracted"。稿件的电子版里,也会有显著的水印。这些负面的记录将随着数据库永久留存于世。

2.一稿多投

一稿多投是另一种常见的学术不端行为。投稿者为了给自己的稿件增加"额外的保险系数",抱持侥幸心理,将相同或基本相同的稿件同时或相继投往两家或以上的刊物。在笔者过往承担审稿任务的经历中,就遇到过同一篇文章几乎同时投往 4 种期刊的夸张行为。一个"多投",看似节省了作者本人的时间,但浪费了编辑和审稿人的时间和资源。若最终形成了所谓"一稿多登,重复发表"的情况,还会对涉事期刊的声誉造成严重的不良影响,同时也会扰乱我国依据科技成果发表所建立的学术奖惩制度。更为严重的是,这是违法行为(违反著作权法)。作者这种表面上的"时间节省",是以个人诚信缺失为代价的,得不偿失。实际上每种期刊都发布过自己的投稿须知,其中都有明示:勿一稿多投。如果作者对此心知肚明却还是把文章投往多个期刊,就明显违约失信了。

一稿多投现象一经发现(由编辑直接发现,或由审稿人发现并告知编辑部),期刊一般会立即退稿,并且会在一定时限内(一般是几年)采取限制或惩罚措施,拒绝接收该作者继续向该刊投稿,即将该作者列入"黑名单"。情节严重者,期刊还会在一定范围内公开通报相关具体事项,或通知作者所在单位。有时不同期刊、出版社之间存在各种形式的合作关系,黑名单信息是共享互通的。

一稿多投的作者面临的有可能不仅仅是一家期刊的"拉黑",所以切记不要心存侥幸,否则会给自己的学术之路"挖坑"。

注意,以下一些情况并不属于一稿多投[2]:

(1)在专业学术会议上做过口头报告,或者以摘要、会议板报形式报道过的研究结果,但不包括以会议文集或类似出版物形式公开发表过的全文。

(2)对首次发表的内容充实了一定比例以上新数据、新内容的学术论文(一般至少为30%以上的新贡献),不同的期刊有不同的规定,作者应仔细阅读投稿须知。

(3)有关学术会议或科学发现的新闻报道,但此类报道不应通过附加更多的资料或图表而使内容描述过于详尽。

(4)在非英文的本国期刊上发表的属于重大发现的研究论文在国际英文学术期刊再次发表。

(5)在内部资料发表,获得相关许可后在公开刊物上再次发表。

3. 重复发表

重复发表(Repetitive Publication)是指某个作者或团队的多篇学术论文具有相同的或者相似的思路,包括模型、方法、数据等,得到相近结论,但并未充分地相互加以引用。重复发表也被称为冗余发表(Redundant Publication)或自我剽窃(Self-Plagiarism)。

与一稿多投的联系在于,重复发表更多地源自一稿多投;区别在于,重复发表是"多投"的稿件已经形成多发的既成事实。从内容上看,一稿多投是将同一个稿件投往多种期刊或会议,而重复发表未必是指相同的稿件,也包括思路相近的稿件。

作者往往会将一些初步的研究结果先投往学术会议,录用之后,结合审稿意见和会议上报告交流后得到的反馈进一步修改稿件,转投期刊,也就是扩充会议论文至期刊发表。这里需要特别留意的是,不同的期刊规定和要求各异。少数期刊不接受会议论文扩充;大部分期刊接受,但也明确地规定需要在原会议论文基础上有充分的附加贡献(Added Value)。例如,在 *IEEE Transactions on Wireless Communication* 关于会议论文扩充有如下说明：

"Prior conference submissions should be matured revisions, have a different title, and have some new material (at least 30%) vs. the proceedings paper."

即："由之前会议论文扩充而来的论文投稿,必须经过仔细修改,采用与会议论文版本不同的标题,且要有新内容(至少 30%)。"

有一类较为争议和隐蔽的重复发表行为,即多语种变换发表[4]。作者已经将自己的成果以一种语言发表(例如中文),然后翻译成其他语言(例如英文、法文等)再发表,就属于多语种变换发表,是否被允许应遵循该领域的学术惯例和期刊、会议的具体要求。许多英文学术期刊要求论文内容是从未发表的,不接收翻译稿件。但并非所有的多语种发表都属于重复发表,例如以下一些情况[2,3]：

(1)中文论文在同一期刊的国际版本上再次发表。

(2)在非英文的本国期刊上已发表的属于重大发现的科研论文在国际英文学术期刊再度发表。

(3)作者已经征得首次和再次发表期刊编辑的同意,并向再次发表期刊的编辑提供首次发表文章的复印件、抽印本或原稿。

4. 数据造假

数据造假属于危害最大的学术不端行为。常见的造假类型包括以下几种：

(1)伪造数据,捏造事实:凭空记录数据、结果。

(2)篡改数据:不忠实地使用、记录或修改数据。

(3)部分呈现:仅呈现部分数据,刻意忽略一些"于己不利"的数据。

数据造假造成的后果极其恶劣,会浪费他人的时间去试图复现根本不可能复现的虚假结果。即便是微小的数据造假,也是恶劣的,所谓"失之毫厘,谬以千里"。在个别领域(如医学领域),研究人员相信了虚假的结果,有时甚至会造成致命的严重后果(如医疗事故),所以必须对此零容忍。做科学研究、写论文,实事求是的态度是第一位的,切忌急功近利。

5. 不恰当作者署名

不恰当作者署名也是常见的一类学术不端现象[2]。学术论文的作者署名应当同时满足如下三个条件：

(1)此人对所提出方法、系统设计、数据的获取或分析等方面存在较大贡献。

(2)此人起草文章或者对文章内容做出了重要修改。

(3)此人确认文章发表的最终版本。

也就是说,作为署名的作者应当对论文的工作做出了足够的贡献,并且对相应的论文内容承担责任。作者署名顺序也要遵守相应的规范,否则也属于学术失范行为。作者署名顺序往往取决于贡献的大小。

第一作者往往是针对文章的研究主题进行深入研究的人。决定作者署名顺序时,应该考虑论文实质创新的原始想法来自于谁? 主要或关键困难是由谁来克服的? 具体研究课题和方向是谁来确定的? 谁实际主导这一具体课题的研究? 谁是论文的主要执笔者? 谁对当前论文中工作的理解最全面和深刻? 贡献要看工作量,但更重要的是看质! 其他一些对文章做出了一定贡献(非实质贡献)的人在论文的致谢部分或者贡献列表中指出即可。论文的通信作者是代表全体作者对期刊负责的作者,一般是对全盘工作负主要责任的人,有义务和责任确保论文作者署名的恰当合理。有些领域的国际期刊论文作者署名,是按照作者姓氏的字母顺序来排定的。比如姓"安(An)"的作者署名一定是在姓"赵(Zhao)"的作者之前,这些是事先约定好的,一切公开透明,但切忌中途变更规则。

6. 其他学术不端行为

其他常见学术不端行为包括以下几种[2-4]:

(1)发表缺乏新意或实质创新的文章。

(2)为多发论文拆分完整的结果。

(3)对文献的不忠实引用。

(4)刻意隐瞒自身工作缺陷。

(5)不符合伦理道德的实验。

在报告人体实验数据时,应当指出实验过程是否遵循本地和国际上关于人体实验的法律法规及道德规范。如果可能存在质疑,应解释实验方法的原理并证明自己的实验是被相关审查机构批准的。即使是动物实验也应当遵循本地和国际上关于动物实验的相关规定。

学术道德和科学伦理是科学研究不容触碰的底线。随着科学技术的进步，学术道德建设面临着越来越多的新情况和新挑战，科研工作者要践行科学研究中的学术规范，在各类科研活动中严格遵守科学伦理的相关法律法规，弘扬科学精神，规范科研行为。

小结

本章首先介绍了包括期刊、会议等常见类型科技论文的评审过程，并在此基础上针对论文的投稿、修改及与编审人员的互动交流给出了具体的建议，以期提升论文准备及投稿工作的针对性，进而提高效率、降低退稿率。恪守各类学术道德规范是维系学术科研生命力的基础，本章针对论文撰写中各种常见学术失范行为进行了分析和梳理，提醒作者避免此类事件发生。

参考文献

[1] 李晓榕. 与国内师生谈科研输出5：与编审人员打交道[EB/OL]. (2012 − 09 − 19)[2019 − 01 − 12]. http://blog. sciencenet. cn/blog − 687793 − 614338. html.

[2] 四川大学《学术道德与学术规范》编写组. 学术道德与学术规范：信息化时代的要求与演进[M]. 成都：四川大学出版社，2018.

[3] 印波. 科研伦理与学术规范：《高等学校预防和处理学术不端行为办法》一百问[M]. 北京：法律出版社，2018.

[4] 何毓琦，管晓宏，曹希仁，等. 新学者融入世界科坛[M]. 北京：清华大学出版社，2004.

第8章

其他科技文献写作

8.1 学位论文

1.学位论文的定义及分类

学位论文是作者为获得相应学位（学士学位、硕士学位、博士学位）而撰写的研究报告或科学论文，具有严格的格式要求。

根据研究方法的不同，学位论文可分为理论型、实验型、描述型三种类型。理论型论文中使用的研究方法是理论证明、理论分析和数学推理，并运用这些研究方法获得科学研究成果；实验型论文使用具体实验的方法，通过实验研究获得相应科研成果；描述型论文通过描述、比较及说明等方法，研究新发现的事物或现象，以此获得相应科研成果。

根据不同的研究领域，学位论文也可分为两大类：人文科学学术论文、自然科学和工程技术学术论文。

根据所申请的学位差别，学位论文一般分为三个层次：学士学位论文、硕士学位论文和博士学位论文，分别对应学士学位、硕士学位和博士学位，其中博士学位论文的要求最高，必须是一篇具有创新性的科研论文。

博士学位论文应能表明作者在其相应学科上掌握坚实宽广的基础理论和系统深入的专门知识，具有独立从事科学研究工作的能力，并在科学或专门技术领域做出了创造性成果。博士学位论文答辩前，博士学位论文需通过同行评议及相关管理部门审批。同行评议的过程包括盲审及明审，根据授予其学位单位的要求，评阅专家一般为五位该学科领域内学术造诣较深教授或者研究员，管理部门一般对本单位的评阅专家人数有限制。同时，论文评阅专家也是潜在的博士论文答辩委员会专家。管理部门指作者所在的系所、院级学位评定分委会及校级学位评定委员会,学位管理职能部门。博士学位论文是高等学校和科学研究机构等学位授予单位评审及决定是否授予作者博士学位的主要根据。高等学校和科学研究机构的博士研究生或具有同等学力的人才,通过博士学位的课程考试和博士论文答辩后才能被授予博士学位。

硕士学位论文应能反映出作者在本门学科上掌握坚实的基础理论和系统的专门知识,具有一定从事科学研究工作或独立担负专门技术工作的能力,对所研究的题目有独立见解,论文具有一定的深度和科学价值,对本学科学术水平的提高有积极作用。同样,高等学校和科学研究机构的硕士研究生,或具有研究生毕业同等学力的人员,通过硕士学位的课程考试和论文答辩,成绩合格者才能被授予硕士学位。

学士学位论文是作者(一般为本科生或者专升本学生)为了获得其学士学位而撰写的学位论文。学士学位论文应能反映出作者较好地掌握本门学科的基础理论、专门知识和基本技能,且具有从事科学研究工作或担负专门技术工作的初步能力,相应要求较博士学位论文及硕士学位论文低。

学位论文代表了不同的知识水平档次,通常不在出版物上发表,只能通过学位授予单位、指定的收藏单位或其他来源获得。美国大学缩微胶片公司(University Micro-films Incorporation)编辑出版了《国际学位论文文摘》(*Dissertation Abstracts International*),收录了包括美国、加拿大、英国等 450 多所大学的学位论文摘要及目录。我国于 1979 年恢复实行学位制度,北京图书馆(现中国国家图书馆)、中国科技情报所(现中国科学技术信息研究所)和中国社会科学院文献情报中心(现中国科学院文献信息中心)是指定的学位论文收藏单位;一般高等院校的图书馆或者相应单位也会收藏本单位的历年学位论文。

94

《中国博士学位论文全文数据库》2001 年经国家新闻出版总署批准,由清华大学主办,《中国学术期刊(光盘版)》电子杂志社编辑出版,目前是国内内容最全、质量最高、出版周期最短、数据最规范、最实用的博士学位论文全文数据库。其出版内容覆盖基础科学、工程技术、农业、医学、哲学、人文、社会科学等各个领域。截至 2020 年 10 月,收录了来自全国双一流建设的重点高校、中国科学院、社会科学院等 400 余家培养单位自 1984 年以来的博士学位论文 20 万余篇。同样，《中国优秀硕士学位论文全文数据库》是目前国内相关资源最完备、高质量、连续动态更新的中国优秀硕士学位论文全文数据库，截至 2020 年 10 月，累积收录了来自全国 753 家培养单位自 1999 年以来的 371 万余篇优秀硕士学位论文。

2.学位论文的结构（以学士学位论文为例）

学位论文的体系结构一般比较固定，包含特定功能项。每个功能项对应一定的语言特点和具体要求，且根据不同学位授予单位的具体要求而略有差别。下文中以西安交通大学学士学位论文为例具体介绍学位论文的组织结构。

学士学位论文的写作和答辩主要目的是使学生受到理论联系实际的综合训练，培养学生初步掌握解决生产实际问题及科学研究的能力，具体包括：调查研究、查阅文献和收集资料的能力；分析、制订设计或试验方案的能力；设计、计算和绘图的能力；试验分析和研究能力；数据处理、综合分析、总结提高和编制设计说明书及撰写论文的能力等。根据西安交通大学学士学位论文要求，一篇完整的学士学位论文由封面、任务书、考核评议书、中文摘要、英文摘要、目录、正文（含结论）、致谢、参考文献、附录及封底等部分构成，其正文字数要求不少于 15000 字（医、药类学位论文不得少于 10000 字）。

（1）题目：即标题，它的主要作用是概括整篇论文的中心内容，切忌笼统。题目要确切、恰当、鲜明、简短且精炼地体现出该学士论文的主要研究内容。

（2）作者及导师信息：一般在封面要清晰注明学位论文的作者与导师信息，该学位论文申请时间及相应学科分类信息（即学科分类代码）等。

（3）摘要：摘要是论文的高度概括，是全文的缩影，是长篇论文不可缺少的组成部分。一般人会根据摘要检索一篇学位论文，因此摘要应包括：对问题及研究目的的描述、对使用的方法和研究过程进行的简要介绍、对研究结论的简要概括等内容，摘要应具有独立性及自明性。一般要求用中、英文分别书写，一篇摘要不少于 400 字。

（4）目录：目录是反映一篇学位论文的纲要。目录应列出全篇论文各组成部分的大小标题,划分层次,逐项标注页码,并注明参考文献、附录、索引等附属部分的页码,以便读者查找。

(5)主要符号表:如果论文中使用了大量的物理量符号、标志、缩略词、专门计量单位、自定义名词和术语等,应将这些符号及意义列出。如果上述符号和缩略词使用次数不多,可以不设专门的主要符号表,但在论文中出现时须加以说明。

(6)正文:论文的正文是作者对自己研究工作的详细表述。具体应包括绪论、理论分析部分、研究方法与手段部分、结果与讨论部分及结论与展望。

①绪论。绪论相当于论文的开头,绪论与摘要写法不完全相同。摘要一般高度概括、简略,绪论可以稍具体一些,以 1000 字左右为宜。绪论一般应包含以下几方面内容:该领域的研究现状如何,从而引出为什么要写这篇论文,要解决什么问题,主要观点是什么;对本论文研究主题范围内已有文献的评述;说明本论文所采用的研究手段、方式、方法,明确研究工作的界限和规模;最后概括论文的主要工作内容。

②理论分析。详细说明论文所使用的分析方法和计算方法等基本情况;指出所应用哪些方法是已有的,哪些是经过自己改进的,哪些是自己创造的,以便指导教师审查和纠正,该部分应以简练、明了的文字概略表述。

③课题研究的方法与手段。用实验方法研究课题,应具体说明实验用的装置、仪器及原材料的情况;用理论推导的手段和方法达到研究目的的,要精心组织相关内容,做到概念准确,组织成完整而严谨的内容整体;用调查研究的方法达到研究目的的,需要对调查所提的样本、数据、新的发现等做详细说明,并简述调查目标、对象、范围、时间、地点及调查的过程和方法等。

④结果与讨论。该部分是全文的核心,一般要占较多篇幅。在写作时,应对研究成果精心筛选,把那些必要而充分的数据、现象、样品、认识等选出来、写进去,作为分析的依据,应尽量避免事无巨细,把所得结果和盘托出。在对结果做定性和定量分析时,应说明数据的处理方法及误差分析,说明现象出现的条件及其可证性,交代理论推导中认识的由来和发展,以便别人以此为根据进行

核实验证。对结果进行分析后所得到的结论和推论,也应说明其适用的条件和范围。除文字部分需要字斟句酌外,还要能够恰当运用图与表展示结果与分析。

⑤结论与展望:结论包括对整个研究工作进行归纳和综合而得出的总结;所得结果与已有结果的比较;联系实际结果,指出它的学术意义或应用价值和在实际中推广应用的可能性;在本课题研究中尚存在的问题,对进一步开展研究的见解与建议。结论集中反映作者的研究成果,表达作者对所研究课题的见解和主张,是全文精髓思想的体现,一般应写得概括、篇幅较短。

(7)致谢:对于毕业设计(论文)的指导教师,对毕业设计(论文)提过有益的建议或给予过帮助的老师、同学、同事与集体,以及该工作的受助项目基金,都应在论文的结尾部分书面致谢。该部分可以赋予一些个人感情色彩,但应注意言辞恳切、实事求是。

(8)参考文献与注释:参考文献是为撰写论文而引用的有关文献的信息资源,包括引用的学术论文、学位论文、科技书籍章节、网络信息等。参考文献列示的内容务必实事求是。论文中引用过的文献必须列出,未引用的文献不得虚列。参考文献须是作者参考过且对学位论文有参考价值的文献。参考文献的数量一般不少于10篇,其中,期刊文献不少于8篇,国外文献不少于2篇,均以近5年的文献为主。注释是正文需要的解释性、说明性、补充性的材料、意见和观点等。

(9)附录:在论文之后附上不便放进正文的重要数据、表格、公式、图纸、程序等资料,供读者阅读论文时参考。附录不宜太多,附录的篇幅一般不要超过正文。

8.2 科技报告

科技报告是继书籍、期刊及档案等文献类型后出现的一种文献,是科学技术发展和信息文化发展的产物。它在传播和利用人类知识信息方面发挥着越来越重要的作用。科技报告是用来记录某项研究项目调查、实验、研究结果或进展的报告,也称为研究报告或报告文献。它最早出现于20世纪初,在第二次世界大战后迅速发展,成为科技文献中的一个重要类别。一般来说,科技报告是科技人员在科研活动的各个阶段,按照有关规定和格式编写的,以积累、传播和交流为目的的,能够充分真实地反映相关科学技术内容和经验的特种文献。每份报告自成一册,通常载有主持单位、报告撰写者、密级、报告号、研究项目号和合同号等。按内容可分为报告书、论文、通报、札记、技术译文、备忘录及特种出版物等。科技报告内容广泛、翔实、具体、完整,技术含量高,实用意义大,其内容大多与政府的研究活动、国防及尖端科技领域有关。做好科技报告工作可以提高科研起点,大量减少科研工作的重复劳动,加速科学技术转化为生产力。世界上较著名的科技报告系列有美国政府四大科技报告、英国航空委员会报告、英国原子能局报告、法国原子能委员会报告、德国航空研究所报告、日本原子能研究所报告、东京大学原子核研究所报告、三菱技术通报、苏联的科学技术总结和中国的科学技术研究成果报告等。

8.3　实验报告

实验报告是在科学研究活动中人们为了检验某一种科学理论或假设,通过实验中的观察、分析、综合及判断,如实地把实验的全过程和实验结果用文字形式记录下来的书面材料,是描述、记录某个科研课题过程和结果的一种科技应用文体。实验报告撰写是科技实验工作不可缺少的重要环节,且实验报告具有情报交流和保留资料的作用。相较期刊论文及学位论文而言,实验报告仅客观地记录实验的过程和结果,着重告知一项科学事实,不夹带实验者的主观看法。实验报告的书写是一项重要的基本科研技能训练。它不仅是对每次实验的总结,更重要的是能够训练撰写者的逻辑归纳能力、综合分析能力和文字表达能力,是科技期刊论文写作的基础。

实验报告的格式及要求比较灵活,因科学实验的对象而异,比如大学生物理实验报告、大学生化学实验报告等都有各自的格式要求。不论哪种实验报告,都应该注重正确性、客观性、确证性及可读性。实验报告的写作对象是科学实验的客观事实,需要做到内容科学、表述真实且判断恰当,同时所表明的观点和意见都是在客观事实的基础上提出的;确证性是指实验报告中记载的实验结果能被任何人所重复和证实；可读性是指实验报告除了以文字叙述和说明之外，还常常借助图表等形式，说明实验的基本原理和各步骤之间的关系，便于读者理解实验内容。

小结

除了常规的会议论文及期刊论文外，学位论文、科技报告、实验报告、科研项目申请书等也属于常见的科技文献。尤其是学位论文，是本科生为了获得学士学位、研究生为了获得硕士、博士学位需要提交的一种具有特殊格式要求的科技文献，是学习和科研工作的系统总结，写法与普通期刊论文不同。一篇优秀的学位论文应该具有完整的结构框架和较为集中的研究内容，其研究成果一般可以支撑多篇会议或期刊论文。相较学位论文，科技报告及实验报告的写作格式较为灵活，可以根据具体的需求调整结构和内容。科研项目申请书是科研工作者为了获得项目资助，按照特定要求撰写的申请书，此章中未单独展开讲述。

参考文献

[1] 西安交通大学研究生院.西安交通大学硕士、博士学位论文规范：西交研〔2018〕6号文件[Z].西安：西安交通大学，2018.

[2] 刘建明.宣传舆论学大辞典[M].北京：经济日报出版社，1993.

[3] 学生范文网.实验报告的写法[EB/OL].(2013-04-11)[2013-07-15].http://www.xsfanwen.com/2013/4-11/232643.html.

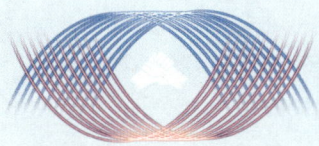

演讲报告

第 9 章

演讲报告的情景分析

演讲报告是一种口头的表达与交流方式,在许多情况下至关重要,往往是极为关键的转折点。能够拥有一段宝贵时间,向项目评审人汇报创新点、在面试官面前展示才能、说服合作者共同参与的机会并不是很多,所谓机不可失、失不再来。所以演讲报告对内容和形式都有着非常高的要求。本章将介绍演讲报告的技巧和注意事项。对于演讲者来说,只有有备而来,才能获得成功,因此,要进行成功的演讲,必须有充分的准备。任何演讲,都需要设计好本次演讲的总体目标。在总体目标明确的情况下,对听众进行分析,对演讲的场景进行假设。在此基础上,可以设计本次演讲的具体目标。本章将从演讲和展示前需要考虑的问题、听众分析、场景分析等几个方面进行讲解。

9.1 演讲和展示前需要考虑的问题

一个好的演讲需要认真准备。在演讲前,不妨给自己提一些问题,并思索这些问题的答案。

"为什么做这次演讲?"

"听众是谁? 我要说服谁?"

"我最想传递什么?"

"听众希望了解什么? 期待什么?"

"有哪些资料可以利用?"

"我需要怎样去讲?"

"这次演讲需要多长时间?"

"……

把诸如此类的问题和能想到的答案写下来,就会对本次演讲有基本认识,做到心中有数。

1.为什么做这次演讲

首先,要想明白为什么做这次演讲。如果演讲始于不知所云,那么也必将止于不知所云。在演讲之前,演讲者需要问问自己:为什么我要讲这些观点?是什么样的经验和实践使我形成了这一观点? 如果能够把自己的想法和观点准确传递给别人,就具备了做有说服力演讲的基础,也会对自己的演讲充满信心和激情。 总之,在演讲之前,要想明白此次演讲的内在驱动力是什么。

2.听众是谁? 我要说服谁?

其次,要想明白演讲者与听众之间的关系是什么,这是获得好的演讲效果的关键。面对未知的、陌生的人与事,人们常常会感到紧张和不安。如果演讲者对听众一无所知,那么在演讲者脑海中,作为听众的"他"可能就是个充满敌意的、评头论足的、对演讲者的表现会产生种种不满的家伙,而不是演讲者所信任的伙伴。因为演讲者不知道听众为什么来听演讲,不知道他们的教育水平和兴趣所在,也就不知道自己的演讲能否让听众听懂,能否引起共鸣。如果演讲者事先对听众有一定的了解,就可以在演讲开始时设法吸引听众的注意力,并针对听众设计演讲结构和演讲内容,让听众收获更多。当演讲者与听众之间建立起一种互相信任的关系时,演讲者就不会感到紧张,演讲起来更加自信,与听众的互动更加顺畅。

3.我最想传递什么

在演讲中,要把自己的观点阐述清楚,并用自己的经验、推理或研究加以支持。演讲中要阐述的观点,可能是演讲者的工作经验、研究成果或者逻辑推理,这些观点要有事实或者推理加以支撑,并将这些支撑材料融入演讲中,使演讲更加丰富和生动。

4.我需要怎样去讲

怎样讲,并不是仅仅要求把演讲的稿子准备好,或者给每页 PPT 写上要讲的话。其实,演讲者逐字逐句地背诵了写好的稿子,也很容易在面对听众时遗忘；即使不忘，演讲也会显得很机械。我们平常在与人交谈时，总是一心想着要说的事，并把它直接说出来，没有刻意去留心措词。所以，只要思维清晰，言语就会像涌泉一样，源源不断地自然流出。演讲也需要清晰的结构，一是要搭建好开场、中间和结尾部分的结构，二是要考虑用什么方法去证明和阐述要表达的观点和思想。开场要能够引起听众的注意和兴趣，要告诉听众准备讲什么；中间部分要说明要点，并详细解释、阐述；结尾要加强和总结，告诉听众讲了什么。在演讲过程中，可以采取一些手段与听众交流，例如提问、演示、让听众参与等。演讲时要用专业知识和演讲表现手段把各部分内容联系起来。成功的演讲者除了会运用丰富的语言技巧之外，还常运用引起联想的方法和身体语言去为自己的演讲服务，也就是说可以采用视觉、听觉、触觉等综合手段去表达自己的所思所感。因此，设计一个逻辑清晰的演讲结构，运用创造性的方法去冲击听众的听觉与视觉，是一个成功的演讲需要事先特别准备的。

9.2　听众分析、预测与策略制订

演讲是讲给听众听的，是为了跟听众交流思想，或是解决问题。因此，在演讲之前，听众的各种信息都是演讲者需要充分考虑的因素，因为演讲的效果，尤其是说服性演讲，取决于听众的接受程度。只有在演讲时抓住听众的心，与听众良好互动，才能达到演讲的效果。Lucas曾提出"以听众为中心（Audience-centered）"这个概念，指"在演讲准备和呈现的每一步，都应把听众放在最重要的位置"[1]。为了便于说明，本节以会议上的学术型演讲为例，讲述如何"以听众为中心"准备演讲。

1. 听众参加会议的目的

从参加会议目的角度看，听众类型大体上可分为主动性和被动型。主动性听众是自愿参加会议的，他们参会目的是学习、获取信息，或者是与同行交流。他们参加会议的动机和目的明确，在聆听演讲时注意力比较集中，也乐于参与互动。如各大高水平国际学术会议的听众基本都是主动型听众。被动型听众是指不得不参加会议的人，比如，被学校或有关部门动员来参加会议的受众。

他们缺乏动机和明确的目的,更没有激情,表情也比较暗淡。此时,演讲者最好设计特别的环节吸引这些人,尽量使他们变成忠实的听众。

2. 听众的知识水平和认知水平

俗语讲"隔行如隔山",某一专业的术语和行话,另一专业的人不一定能理解。如果听众来自于不同专业且具有不同知识背景,演讲者应该做一些必要的背景介绍和术语解释,方便听众理解演讲内容。同时,听众的认知水平也是演讲者需要考虑的。例如针对学生演讲的内容及演讲方式,不应该和在专业学术同行前讲的内容和方式一样。对学生演讲可以由浅入深,举一反三;而对同行学者的演讲则要语言精练、不啰嗦,直接讲行业最新技术和自己的研究成果即可。

从对演讲主题的认知水平看,听众可分为以下三类[2]:

(1)同学科或者同行的人,有共同的研究背景,也非常了解本学科的专业术语和行话。针对这类听众,演讲者可以着重讲自己所做工作的特点,可以介绍细节,可以任意地使用专业术语和便于表达逻辑推理的严密的句子结构。相反,如果演讲者解释大家都知道的基本概念或专业术语,或过多地描述研究背景,听众反而会感到厌烦。

(2)来自其他学科或邻近的交叉学科的学者或学生,有相关背景但不是来自本领域专业。对这类听众,演讲者需要言简意赅地介绍专业背景和一些专业术语,在演讲过程中,要多留心听众的反应,不断调整语言和方式,不断试探听众的理解水平,争取收到好的效果。事实上,针对这类人的演讲,是最具挑战性的。

(3)具有基础知识和认知水平,但缺乏专业知识和专业领域基本了解的普通听众。针对这种类型的听众,演讲应采用通俗易懂的语言和简单的逻辑推理,避免使用专业性过强的语句及长的复杂推理语句。

演讲内容的深度应根据不同水平的听众对演讲主题的了解程度来决定。例如演讲者想要讲述医学影像组学(Radiomics)的研究进展,其内容主要涉及分析肾小细胞癌患者手术前的 CT 影像数据,用机器学习的方法建立模型,预测患者的某些基因是否发生了突变[3]。在演讲前,演讲者需要了解听众对影像组学领域的研究了解程度如何。对于同学科听众,演讲者的重点是影像数据的分析提取方法,模型建立的方法,相对于现有模型,演讲者提出的方法有何特点与优势,预测结果的准确性等。对于邻近学科或交叉学科听众,演讲者需要根据具体的对象,对影像组学的背景和研究现状及趋势做简要介绍。对于普通听众,他们对影像组学知之甚少,就应该花一些时间介绍其背景和现状,比如"2012 年,荷兰学者 Lambin 首次提出影像组学概念,其思想来源于肿瘤异质性。Lambin 认为影像组学的主要工作是从放射影像中提取大量特征,采用自动或半自动分析方法将影像学数据转化为具有高分辨率的可挖掘数据空间[4]。Kumar 等进一步扩展,将影像组学定义为'高通量地从 X 线层析成像(Computed Tomography,CT)、磁共振成像(Magnetic Resonance Imaging,MRI)和正电子发射型计算机断层显像(Positron Emission Tomography,PET)中提取并分析大量高级的定量影像学特征'[5]。影像组学从医学影像中提取高通量特征来量化肿瘤等重大疾病,在肿瘤表型分型、治疗方案选择和预后分析等方面表现出巨大优势,是临床医学和生物医学工程的研究热点。影像组学方法框架一般分为 5 个部分:①高质量标准化影像学数据获取;②手动或自动图像分割与重建;③高通量特征提取与筛选;④临床预测模型建立;⑤构建共享数据库。"这些最基本的概念和背景,对于普通听众来说,都是不可缺少的。

3. 听众的兴趣和期望

听众的兴趣分两种。一种是感性兴趣,也就是潜意识地对自己所爱好的某一种事情感兴趣,比如对音乐、美术、收藏等感兴趣。另一种是理性兴趣,也就是有意识地对未知事物感兴趣。这种兴趣发自于探索欲和求知欲。多数学术型演讲的听众的兴趣属于后者。如果演讲者发现听众对某一问题感兴趣,就应该设法满足听众的兴趣需求。

作为演讲者,要明确听众的期望。例如,参加学术会议的人基本上都有一个目的,了解同行最新的科研成果和科研发展趋势,得到新的信息。因此,学术会议上的演讲者应该抓住"新"字,突出新发现、新理论、新问题、新方法、新探索、新结论、新趋势。换句话说,应该让听众得到新的信息。而对于参加本科毕业论文答辩的学生,则需要知道聆听答辩的评审老师的期望是什么。评审老师期待听学生讲自己在毕业设计阶段做了哪些工作,有什么样的结果,发现了哪些问题,等等。而有的学生将大部分的答辩时间花在所学习的基础知识的介绍上,没有达到听众的期望,是不可取的。因为这些知识对于评审老师来讲,没有什么新的信息量,老师更希望听到学生讲自己做的具体工作。

4.听众的文化背景

不同的国家有不同的文化,有不同的语言和不同的思维方式。如果英语作为演讲语言,演讲者应该遵守英语国家的表达方式。比如说,西方人大体上习惯于直线型的表达方式,也就是直接说出结论或论点,然后进行论证或者解释。对不同文化背景的听众演讲时,使用的肢体语言也应注意,因为同一个肢体语言,在不同的文化里有不同的解释。比如说,用食指指着太阳穴画圈的动作,对美国人来说是"疯子"的意思,但在丹麦,这个动作是侮辱路上的司机;美国人常做的 OK 手势对他们来说是"好""是"的意思,但对法国人来说是"零""毫无价值",对日本和韩国人来说是"钱"的意思。

9.3　场景分析

演讲前,对演讲场景的分析也至关重要。演讲场景的分析主要包括听众人数、会场情况、设备状况、演讲时间、占用的时段、演讲的长度等。

(1)听众人数:本次演讲是在小型讨论会上的演讲还是一个大会演讲? 如果是小型讨论会上的演讲,演讲风格可以相对自由活泼,也可加入互动环节;如果是大会演讲,互动环节基本无法进行,演讲所要传达的观点需更加明确,逻辑更加清晰。

(2)会场情况:演讲前,最好能去现场看一下会场状况,包括会场大小、形状及布局,做到心中有数,自己可以根据会场的状况提前设定好演讲风格。

(3)设备状况:演讲前,最好能了解会场设备状况。有时候,会场的投影仪状况不佳,清晰度有限,那么 PPT 的配色要特别注意,尽量使用对比度强烈的颜色,避免观众无法看清。了解会场屏幕的比例,是 16∶9 还是 4∶3。如果必须使用会场提供的电脑设备,应提前检查会场电脑的软件版本是否与自己制作的 PPT 兼容,能否正确播放自己的 PPT。如果 PPT 中嵌入了音频或者视频,更需要提前检查音频和视频是否能够正常播放。如果是小型讨论会,会场里有黑板,也可以设计板书的环节,增加互动性和可理解性。

(4)演讲时间:演讲的时间是上午还是下午,是饭前还是饭后,都会对演讲效果有影响。如果是饭前的最后一个演讲,听众已经没什么耐心了,大家都着急吃饭,此时千万不能超时,要尽量早点结束;如果是午餐后的第一个演讲,听众可能会昏昏欲睡,此时最好能加入一些有趣的语言或者调侃,活跃一下气氛,吸引听众注意力。

(5)演讲的时间段:一般情况下,都是几个演讲安排在一起,此时自己的演讲放在什么位置也会对演讲过程产生影响。如果是第一个演讲,此时听众精神满满,最好能充分利用演讲时间,不要提前结束,当然最好也不要超时,以免影响后面演讲的人。如果是安排在中间演讲,可以根据前面的演讲者对时间的利用情况,来调整自己的演讲时间。如果前面的演讲者超时严重,自己的演讲尽量避免超时;如果前面的演讲者空下来一些时间,自己可以适当超时。如果是最后一个演讲,此时听众的耐心已经不多,最好能在讲清楚的情况下提早结束,拖延时间会适得其反。当然,在某些对演讲时间严格控制的场合,比如说毕业论文答辩、某些国际学术会议,演讲者要严格遵守时间约定。

(6)演讲的长度:一般情况下,演讲的组织者会告诉演讲人演讲的长度,即演讲时长。演讲者最好能严格遵守这个时间约定。不过我们还是需要了解一下听众在演讲过程中注意力的分布情况。人的精神集中力是有限的。如果参加超过一个小时以上的会议,听众很难从头到尾都聚精会神地听演讲。一般来说,听演讲时听众注意力的旺盛与衰弱是有规律的。如果听众听大约 30 分钟的演讲,在演讲开始时注意力较集中,随后,注意力逐渐下降,15 分钟后达到最低水平,只有初期注意力的 10%～20%。到了演讲末尾,演讲者宣布结论时听众的注意力又开始上升。当接收到演讲要结束的语句信息,听众心理上会产生条件反射,想从结论中得到一些"干货"。为了使听众自始至终保持旺盛的注意力。演讲者在演讲开始时应讲清楚内容重点,给听众传递最重要的信息。在引言部分演讲者应该向听众交代演讲结构。在讲正论时,应把演讲内容分成几个部分,每一部分都给一个阶段性的结论,吸引听众的注意力。演讲者要掌握听众的心理特征和认识事物的规律,恰当地选择论据和安排论证过程,使演讲在听众心里"激起波澜"。也就是说,演讲要有起有伏、有张有弛、分清层次、步步为营,方能最大程度地吸引听众的注意力。

小结

　　本章深入讨论了演讲报告中情景分析的三个重要方面——对演讲目标的确定和对演讲内容的规划,听众分析和策略制定,场景分析。演讲前要明确演讲目标,规划好演讲内容和演讲方式,这是演讲成功的前提。针对不同知识水平的听众,有针对性地设计演讲内容和演讲方式,才能最大程度被听众接受,达到演讲的目的。场景分析能更好地帮助演讲者利用好演讲的时间与环境,有助于演讲的成功。良好的开端是成功的一半,做好演讲前的情景分析,是一个成功演讲的前提。

参考文献

[1] LUCAS S E. The art of public speaking[M]. 10th ed. New York：McGraw-Hill，2009.

[2] 安秉哲. 怎样进行国际学术演讲[M].哈尔滨：哈尔滨工业大学出版社，2009.

[3] CHEN X，ZHOU Z，HANNAN R，et al. Reliable gene mutation prediction in clear cell renal cell carcinoma through multi-classifier multi-objective radiogenomics model[J]. Physics in Medicine and Biology，2018，63(21)：215008.

[4] LAMBIN P，RIOS-VELAZQUEZ E，EIJENAAR R，et al. Radiomics：extrac-

ting more information from medical images using advanced feature analysis[J].

European Journal of Cancer，2007，43(4):441 - 446.

[5] KUMAR V，GU Y，BASU S，et al. Radiomics:the process and the challenge

[J]. Magnetic Resonance Imaging，2012,30(9):1234 - 1248.

第 10 章

构建清晰易懂的演示结构

演讲与我们每个人的工作、学习和生活息息相关。2016 年 4 月湖南教育出版社出版发行的《新编现代汉语词典》（第 1 版）中对"演讲"的解释是：演说。"演说"的解释是：向公众发表自己对某个问题的见解。俗话说"三人成众"，只要你的听众超过 3 个人，你需要对他们阐述一些内容，你在讲，他们在听，这就是演讲。演讲所涉及的方面包括但不限于：班干部竞选、运动员代表宣誓、论文答辩、面试、述职述聘、工作总结、工作汇报、会议讲话、产品介绍、讲座、培训等。由此可见，几乎每个人都离不开演讲，演讲对一个人的职业生涯意义重大。

演讲最主要的表达方式是声音，声音具有即时性。演讲人进行演讲，观众在倾听，这是一种同步过程，如果观众停下来思考就会漏掉演讲人后面的内容。因此，完全依赖于声音的演讲不仅难于被观众的大脑记录下来，而且观众一旦对演讲的部分内容没有听懂，既没有思考时间也没有其他辅助信息去帮助观众加强理解[1]。于是在演讲过程中配合视觉元素进行展示，为观众提供一个更容易理解演讲者的演讲内容和加深观众记忆的途径。这种视觉元素展示最常见的是展示演示内容的一系列的页面，我们把它叫作"演示文档"或"幻灯片"。

作为演讲人必须高度重视展示演讲内容的演示文档，Microsoft Office Powerpoint（PPT）是目前国际上较为流行的演示文档制作工具，此外，常见的制作幻灯片的软件有 Prezi、Keynote、WPS 等。利用 PPT 可以生成包括文字、图形、图像、音频和视频等信息的形象化可视化的演示文档，可用于汇报和展示自己的工作成果、新产品发布等多种场合，其根本目的是为了达到最有效的沟通效果。实际上，在很多场合交流的语言表述中，PPT 的含义并不局限于 PowerPoint 这个软件，在很多情况下指代已经制作完成的演示文档。因此，在本章后续内容中提及的 PPT，通常指代演示文档。

10.1 结构化演示的四个基本原则

你有没有这样的困惑？同样一件事情，有的人用 3 句话就表述清楚了，而你可能用了 10 分钟也没说清楚核心；同样是做演讲报告，有的人用 3 页 PPT 就能说服对方，得到观众的认可或领导的赏识，而你用了 20 页内容，却被观众或领导反问你到底想表达什么。这些问题体现在演示文档上，常见的就是目标不清、结构混乱或者展示力度不够。因此，要设计出沟通效果良好的演示文档，不仅需要在演讲报告前进行情景分析包括掌握听众背景及场景分析等，而且要对自身演讲汇报内容熟悉，至关重要的还包括主题明确、逻辑清晰，这意味着需要结构化的演示和表达。

此外，需要尽量注意避免在 PPT 页面中出现大段文字叙述，这是因为 PPT 是观众在倾听演讲者报告时的一个有效补充，而不是由观众自行阅读演示文档上的文字，如果演示文档仅仅是文字的堆砌，难以给观众在记忆中留下深刻印象。而且人类从外界获取信息，大部分来自于视觉，小部分来自于听觉，加之图片信息比文字信息在人类大脑中停留的记忆时间较长，因此在演示文档中使用图像信息更有吸引力。此外，演示文档的每一个页面呈现的内容不宜过多，制作的每一个页面应简洁明了。也就是说要通过演示文档呈现信息之间的逻辑关系，使得观众在短时间内迅速理解和把握重要信息。因此需要运用结构化思维，将需要展示的演示文档转化为清晰易懂的演示结构，这种带有逻辑性的极具视觉效果的 PPT，遵循"结构化"法则。结构化法则要求 PPT 无论从内容还是表达形式或者呈现过程都尽力做到符合逻辑，逻辑是 PPT 的灵魂，清晰的逻辑能够清楚地表达 PPT 的主题。逻辑混乱、结构不清晰的 PPT 演示会让人抓不住重点，达不到向观众有效传递信息的目的。结构化法则能使观众对 PPT 内容进行有层次的记忆，能够把复杂的内容简单化，然后形成目录型的结构形式。

结构化演示主要有四个基本原则：自上而下的表达原则，层次清晰的表达原则，结构简单的表达原则，重点突出的表达原则。

1.自上而下的表达原则

自上而下,是先给出结论或进行总体评价,然后进行分析论证为什么是这样的结论,把这些分析论证的问题进行归纳,再对关键问题进行分析,指出下一步应该怎么做,包括过程、步骤、注意事项的现状详细调研。这种表达方式直接说明中心思想,其大致结构如图10-1(a)所示。首先在整理、筛选信息的时候,就需要将其识别为结论、理由和事实三部分。通常我们面对的实际分析过程是自下而上的,即先根据事实对问题进行分类归纳,然后再通过对现状事实和表象问题进行分析,最后得出结论,其大致结构如图10-1(b)所示。然而在演示汇报中如果先给出结论就能充分调动观众的兴趣,然后再阐述支撑结论的理由及支撑理由的事实,就可以紧紧抓住观众的注意力。

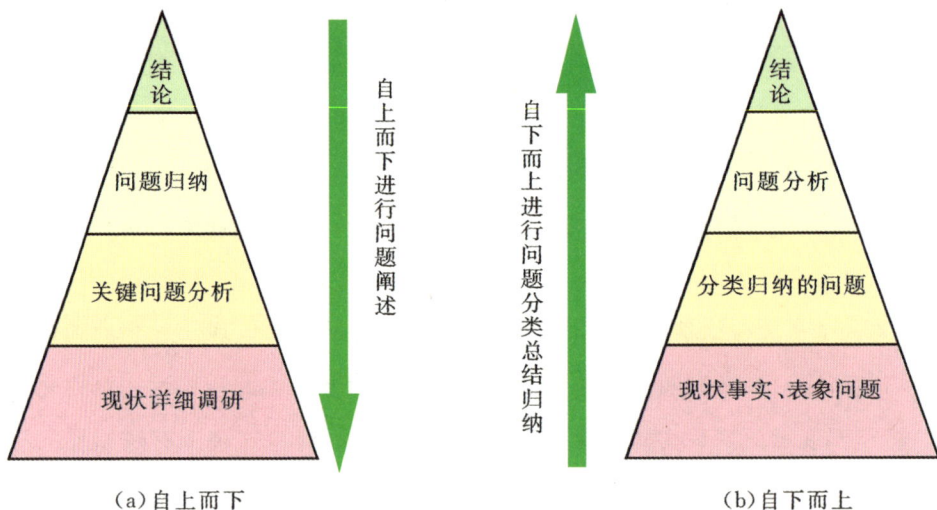

结论		结论
问题归纳	自上而下进行问题阐述	问题分析
关键问题分析	自下而上进行问题分类总结归纳	分类归纳的问题
现状详细调研		现状事实、表象问题

(a)自上而下　　　　　　　　　　(b)自下而上

图10-1　自上而下及自下而上的结构化表达

如何才能在大量复杂的信息中提取结论、理由及事实呢?可以分为三步走[2]。首先,找到信息中的结论;结论就是中心思想,它首先是一个观点,也就是从一定的立场或角度出发,表达对事物或问题的看法。演讲报告人作为信息的输出者,一定要明确想要表达的结论,知道自己最想说什么。第二步是归纳支撑这个结论的各种理由或问题。第三步是找出信息中支撑理由或关键问题的分析;如果说结论、理由都可以是主观的,那么事实就一定是客观的,比如采用数据和不带感情色彩的实例作为事实。

2.层次清晰的表达原则

面对海量信息,如何对它们进行横向的分类和排序,这就需要层次清晰的表达原则。要构建层次清晰的表达,一般来说,要遵守相互独立(Mutually Exclusive)、完全穷尽(Collectively Exhaustive)的原则,简称 MECE 原则。MECE 原则的核心就是不重不漏。比如:把人分成男人和女人是符合 MECE 原则的;如果把人分成男人和未婚女人,存在大量遗漏就不符合 MECE 原则。在运用 MECE 原则进行层层分解时,要确保每一层不与其他层混淆。

3.结构简单的表达原则

表达的结构越简单越好。比较简单且容易记忆的结构是"三点论"。三点论就是将一个中心议题从三个方面展开,这三个方面之间有清晰的逻辑关系,并使用 MECE 原则检验这三点是否正确。这样的结构比较容易让观众深刻地记住你的观点和结论。

4.重点突出的表达原则

重点突出的表达原则应尽量遵循二八定律。所谓二八定律是按照事情的重要程度编排行事优先次序的准则,建立在"重要的少数与琐碎的多数"原理的基础上。这个原理是在 19 世纪末期由意大利经济学家兼社会学家维尔弗雷多·帕累托(Vilfredo Pareto)所提出,其大意是:在任何特定群体中,重要的因子通常只占少数,而不重要的因子占多数,因此只要能控制具有重要性的少数因子就能控制全局。即 80% 的价值来自 20% 的因子,其余的 20% 的价值则来自 80% 的因子。二八定律用于结构化演示的重要启示:避免将时间花在琐碎的多数问题上,而应该重视重要的少数问题,尽量花 20% 的时间,取得 80% 的成效,以突出重点而不是面面俱到。

重点突出可以通过对比、重复、比喻等方式来表现。重点突出需要注意的是不要试图传递过多信息,要把最想传递的信息突出出来。并要注意在任何时候都应突出重点,要设置能够吸引观众的亮点,比如:最希望观众知道的、最希望观众记住的及最想向观众传递的信息。尽量做到每一页 PPT、每一个页面上的图片或者表格等都有非常清晰的重点。但是一定要正确应用这一点,切忌为了重点突出设置过多的动画、剪贴画,切忌在短时间内传递大量信息。

此外,制作演示文档时还有一个小窍门,就是需要注意美感,一致的构图和适当的留白会更加引人注目。另外还要让周围的人满意,挑不出毛病。这一点有时候相当重要,演示文档最终需要面向观众,如果独自制作,很容易发生个人喜好的偏差,形成独乐而众不知所云的尴尬局面。因此,多与人交流也会提高演示文档的品质。

10.2 如何构建清晰易懂的演示结构

PPT是技术与艺术的有机结合,是用艺术来表达科学技术和学术思想的电子载体。结构是PPT的灵魂,PPT的结构是支撑整个PPT金字塔的骨架[3]。它把内容有机地组织在一起,帮助观众更好地掌握信息。在充分了解观众的背景和需求之后,才可以确定PPT主题,并提出问题要点。简单明了地概括出PPT的主题,有且只有一个中心思想,让观众一开始就知道这个PPT是围绕什么来讲的,再根据确定的主题和了解到的观众资料列出PPT的要点即构建清晰的篇章逻辑,也就是能说明主题的论据要点。最后把这种逻辑关系用可视化的方式呈现出来。

因此在构思制作PPT时,首先根据观众确定要展示的核心内容,然后再在脑海中分析你所要呈现的信息之间的逻辑关系,之后把这种逻辑关系用可视化的方式先在纸上用草图勾画出来,最后再用PPT呈现出来。在制作PPT并汇报过程中,需要注意统一的表达形式和统一的语言表达风格。

标题、目录、具体内容和结论组成PPT的整体内容。标题反映了演讲报告的主题,主题应简洁明了、概括精炼。内容可以按照"总-分-总"结构[3,4]、递进式结构、三段式结构等展开论述。结论就是要在原有基础上进一步明确观点,可能还需要根据观众提出下一步计划和改进思路等。对于一个"总-分-总"的结构,"总、分和总"分别对应了"概括、分论点和总结"。也就是说开场白先告诉观众这个演讲报告是讲什么的;接下来要从几个方面进行论述,这几个方面可以是并列关系,也可以是递进关系;最后进行总结。

1.标题

标题起到引领全篇的作用,好的标题意味着良好的开端,就好像一本书,好的书名能够吸引读者忍不住想要打开看看里面的内容。作为演示文档,标题也就是演讲的开篇,即开场白。标题作为总起句,应言简意赅便于观众迅速理解,而且起到统领全文的作用。这就是说标题既与具体内容呼应,又起到概括整个演讲的作用。

2.内容

通常 PPT 内容还包括目录及过渡页。目录是用来说明主要内容和逻辑关系的。要构建清晰易懂的演示结构,目录页不可或缺,目录页应基本反映 PPT 的篇章逻辑,其作用类似于书籍目录的索引作用,在报告伊始就可以让观众了解整个演示结构和叙述结构。对于比较短的 PPT,无需添加过渡页。对于长的 PPT,需要使用过渡页来切分各部分内容。演讲内容结构化,意味着内容主体逻辑清晰、层次分明。把关联性强的内容划分在一起,各部分之间又有一定的联系,这样的演讲报告内容无论是整体还是部分都具有逻辑性,不至于让观众越看感觉越混乱,也就具有说服力并易于加深观众理解。只有拥有明确的主题才能更好地列出内容要点,内容要点相当于对主题的分析论证。一个演讲的主要内容通常包含 3 个部分比较合适,如果还有小论据或小要点去支撑这三部分内容,用以支撑每部分内容的小论据或小要点也以 3 个左右为宜。不要试图传递更多信息,要突出最想传递的信息。

将内容富有逻辑地组织起来,遵循简单明了的原则,加强各部分之间的关联性,并利用演示结构视觉化处理,方便观众对 PPT 内容进行有层次的记忆,把复杂内容尽量简单化。切忌内容过于琐碎、零散,注意内容之间的关联性和逻辑性。对于关键内容要做到:一目了然、完整、简洁。描述关键内容的语句要结构完整,尽量用通俗易懂、观点明确没有歧义的短句子。

对于演讲报告的主体内容,通常可以先搭骨架,再填血肉。先搭骨架就是先把演讲报告的核心要点和结构大致构思好,然后再围绕演讲主体内容的结构,对演讲的核心要点进行相应的论据补充和佐证说明。对于工程类的演讲报告可以利用数据、理论、实验等作为相应的论据。数据最好能够以图片形式来表现,如饼状图、柱状图、曲线图等。具体采用何种图片类型进行展示要根据哪种图片更具有说服力来决定。

对于演讲汇报而言,观众通常难以长时间集中注意力,尤其是在工程类报告的 PPT 内容趣味性不强的情况下,观众很容易分心。这就意味着演讲者一定要提炼重点,在有限的时间内,紧紧围绕主题提炼并突出关键词和关键句使观众记住核心内容,并利用有说服力的图表等加以佐证。

制作 PPT 时,对其中的文字表述、数据、表格、图片等有以下注意事项。

(1)文字。每个页面的文字不宜过多,尽量不要超过 10 行。注意每一部分、每一层级的文字采用统一格式,各段落有所区别,而且不要过于拥挤或呆板,并在演讲过程中掌握语言表达的节奏。句式简单,表达清晰,页面中无错别字。对于专业术语和概念要给予深入浅出的解释。可以通过改变字体、增大字号、加粗、改变色彩、荧光效果等手段突出关键词,帮助观众专注重点,突出演讲者想要表达的明确观点,使信息更有吸引力。要表达的内容较多的时候,关键词的作用尤为显著。

(2)数据。在演讲报告中不能简单地罗列数据,需要展示数据背后的意义。比如:"今年有 3500 人报考我校研究生",这句话就不能被观众掌握演讲者想要表达的核心内容。如果改为:"今年有 3500 人报考我校的研究生,人数比去年增加了 10％",就突出了想要表述的重点,也易于被观众记住。因此在使用数据的时候要思考采用什么样的方式表达,如何让数据更有意义,需要跟谁作对比,如何加以说明。站在观众角度思考找到最容易被观众理解的数据表达方式,才能更好地让观众领会演讲者的意图,加深观众印象。

(3)表格。表格也是数据的一种表达形式。表格需要有明确的表头信息,表头可以清楚地告诉观众表格中的行、列是关于什么内容的。尽量将表头信息与表格中的其他信息通过颜色、字体和字号区分开来。表格的各行之间一定要有分行的横线,如果各列之间的空隙较大,同一列中内容排列整齐,竖线可以省略。每一行或者一列只能表达同一类信息，不能把不同信息混杂在一起，比如这一列的表头是年份就不能混入销售量。如果表格中有需要强调的内容，也要当作关键词来处理，这样可以减少观众阅读量并迅速传达有效的关键信息。

（4）图片。在数据较多需要进行比较的情况下，绘制成图展示在 PPT 中将更为直观明了。制作图片 PPT 的诀窍：把想用图片回答的问题的答案作为图表的标题，然后选择最合适表现论点的图像形式。

图片幻灯片所传递的信息应该尽量清晰简单，比较直观，因为观众没有较长的时间去对它们仔细研究并找出不同内容的含义。可以用饼图、柱状图、条形图、曲线图或散点图等来形象地显示演讲者想要呈现的信息。图片需要回答的问题通常包括：变化趋势（图 10-2）、各项之间的关联性（图 10-3）、数量的比较（图 10-4）等。

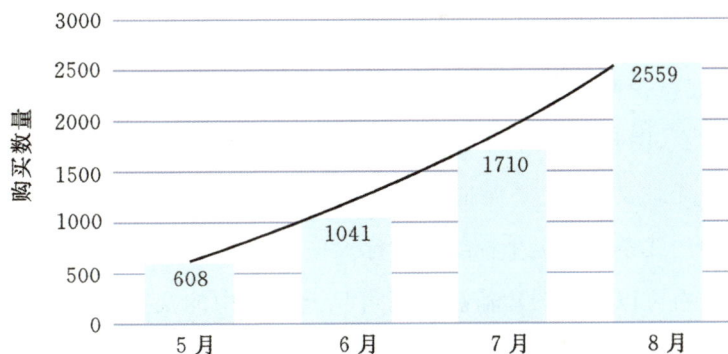

图 10-2　2019 年 5—8 月 A 学校学生购买 B 产品数量的变化趋势

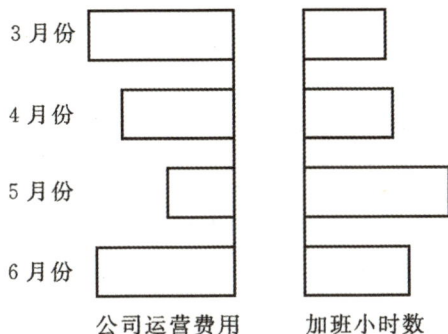

图 10-3　各项之间的关联性（公司运营费用与加班时长之间并无明显关联性）

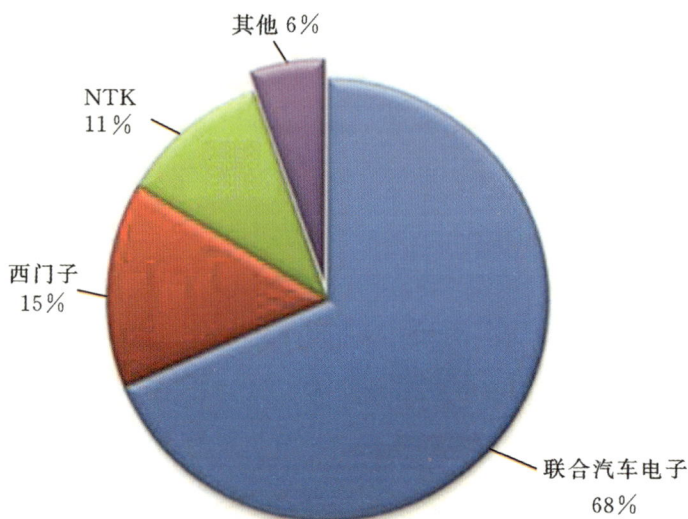

图 10 - 4 国有汽车氧传感器销售量与汽车氧传感器总销售量之间的比较

单个 PPT 页面中展示的图片数量不宜过多。对于 PPT 中展示的图片要注意信息完整,需要包含横纵坐标说明及单位。图片的标题要突出演讲报告人希望强调的重要信息,图片标题可以用句式简单的完整句或者一个短语,确保展示的信息完整且无歧义,而且要保证所要传达的信息和展示给观众的视觉印象一致。图片中的线条及横纵坐标线条和标尺应能够被观众清晰看见,通常线条宽度为 2 磅左右可以确保图片信息清晰可见。图片中的文字字号应尽量选用 14 号以上。对于多条曲线要用不同颜色及不同线型进行鲜明对比和区分,而且需要注意的是同一事物在 PPT 中多处出现时,尽量确保在每张图片中的颜色、图标和线型等始终保持一致。

3.总结

由于演讲报告时间短、信息密度大,讲述的内容也不够形象,理解需要花费时间精力,而且 PPT 中的观点和内容往往是并列或者递进的,比起扣人心弦的电影情节,PPT 很难让观众记住前面的细节。因此即便你前面讲得十分精彩,观众也听得很认真,但等到演讲结束的时候,观众仍可能会因为无关信息的干扰而不能做到掌握全部重点内容。这意味着,对于信息量较大的 PPT,难以被观众完全有效接收。因此,最后的总结是至关重要的。

总结的时候,首先要把前面的内容简明扼要梳理一遍,回顾内容的 PPT 页面和前面描述侧重点的 PPT 页面有所不同,要带着观众把各个观点串联起来、理顺逻辑。总结既是总结问题,也是对自己观点的总结,因此要高度概括并且简洁明了。总结同时也是一个承先启后的过程,既是对已完成工作的总结,也是对下一步计划的指导和借鉴。结尾和开头同等重要,因此把 PPT 的结论作为一个独立的部分设计好,使得 PPT 更加完整,做到"龙头凤尾",为演讲添光增彩。

为了构建清晰易懂的演示结构,通常要用到金字塔原理构建金字塔结构图。金字塔原理可以帮助演讲者梳理逻辑和组织结构,达到重点突出、思路清晰、主次分明、引起观众兴趣、便于观众理解接受、使观众印象深刻等沟通效果。金字塔结构图是用结构化思维将无序变成有序的结构化思考过程,也就是说,金字塔结构图是结构化思维过程的核心。

10.3 金字塔原理的结构化演示

金字塔原理[5]是 1973 年由麦肯锡国际管理咨询公司的咨询顾问芭芭拉·明托提出的,旨在将金字塔结构运用于写作和表达过程中,构建清晰的表达结构,提高沟通效率。芭芭拉·明托的金字塔原理认为:文章中所有思想(论点)的组织结构是一个金字塔结构,金字塔的塔尖为中心思想即一个总的论点,其统领多组分论点;金字塔第二层是围绕中心思想的相关论点,再下一层是第二层论点的更具体的论述。这种金字塔结构中,各论点之间的联系方式可以说是纵向的也可以是横向的;纵向结构意味着任何一个层次的论点是对下一个层次的分论点的总结,横向结构意味着多个论点共同组成一个逻辑推断关系,这些逻辑推断关系是并列的。这是一种以结论为导向的逻辑推理方法,金字塔越上层的论述价值越高,支持结论的每一个推论的子推论之间是相互独立的。由金字塔最顶端沿各分支向下展开的金字塔结构保证作者的思维具有条理性,进而使文章条理清晰,所有需要清晰的语言表达的场合都可以使用金字塔原理,它的实质就是帮助人们找到了一种清楚地表达想要传递的信息的方式。使用金字塔原理的表达者需要关注并挖掘受众的意图、需求、关注点、兴趣点和兴奋点等，针对受众想清楚自己应该说什么、怎么说，并掌握表达的标准结构和规范动作。

金字塔原理是一种重点突出、逻辑清晰、层次分明、简单易懂的思考方式和沟通方式。用于演讲报告中，采用结论先行、自上而下的形式，向观众阐述观点，并对各观点进行分组，便于加深观众对各观点的理解并提高沟通效率。

一个表达清晰的"金字塔结构"中心思想明确，结论先行，以上统下，归类分组，逻辑递进；先重要后次要，先全局后细节，先结论后原因，先结果后过程。金字塔结构的核心特点如下：

（1）任一层次上的思想都必须是其下一层次思想的概括。每个事件都可以归纳为一个核心结论，核心结论可以由3～7个论据支持，因为人们一次能够记忆和理解的论据不超过7个，因此不宜用7个以上的论据支撑核心结论。这3～7个论据本身也是分论点，每个分论点再被3个左右论据支持，如此延伸形成金字塔结构。也就是说金字塔尖的顶层观点是中心思想，而金字塔第二层观点应有效支撑金字塔尖的观点，金字塔第三层的观点有效支撑金字塔第二层的观点，依此类推。

（2）确保每一组观点中的各个观点属于同一范畴。每一组中的观点应以逻辑顺序为依据进行组织，金字塔原理在观点组织方面提出了4种逻辑顺序：①演绎顺序，即大前提、小前提、结论等；②时间（步骤）顺序，如今年、去年、前年等，各部分内容之间是递进关系，前后不能颠倒；③结构（空间）顺序，也称为板块顺序，各部分内容按照不同地域或方式进行划分，如西安、成都、上海等；④程度（重要性）顺序，以内容的重要程度安排先后次序，如紧急而重要、紧急而不重要、重要而不紧急、不重要也不紧急等。

搭建金字塔结构的第一步是对信息进行分类；第二步是对信息进行总结；第三步是整理逻辑顺序。在这个过程中，通常建立一个"先总后分"的立体化分析方式，先看能够解决问题的关键方面，再往下分析实现从总体到局部的鸟瞰。其具体做法：自上而下表达，自下而上思考，纵向疑问回答/总结概括，横向归类分组/演绎归纳。如图10-5所示的金字塔结构图体现了结构化思维"横""纵"

两方面的立体化分析方式。从纵向看,最顶端为核心观点即核心结论,下一层 A/B/C 是支撑解决问题的 3 个不同方面,再下一层是支撑这些不同方面的原因或者叫作子理由。从横向上看,各层级的理由或子理由也要符合结构化思维;也就是说,要通过归类分组的方式将信息进行排序和穷尽。金字塔结构图体现的正是结构化思维立体化分析方式。实际上这就是在整理及筛选信息的时候将它们识别为结论、理由和事实三部分的过程。在思维混乱、逻辑不清晰的情况下,可以按照上述思考方法搭建金字塔结构。

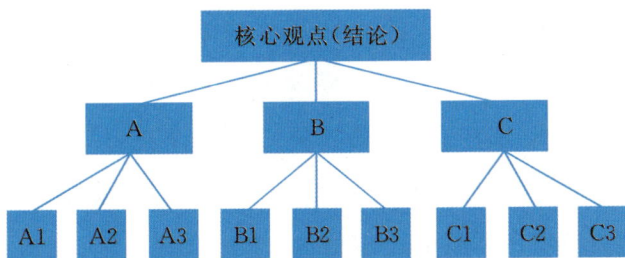

图 10-5　金字塔原理结构

搭建"金字塔"结构有如下三个规范:①金字塔只有一个塔尖,所以 PPT 通常只需要一个核心观点,如果观点太多,反而记不准。因此应该把这个核心观点写在封面标题处,让所有人知道你想传递怎样的观点。这不仅是整个 PPT 的内容概括,更是演讲报告人对问题的独到见解。②如果 PPT 要传递多个观点或者观点比较复杂,不易于观众迅速理解,则应该有一个对内容进行概括的摘要页,把关键内容写上去。并且在结尾时,能够再次强调你的观点,让观众加深印象。③除封面标题这个结论观点外,每页 PPT 内容都需要一个高度凝练概括的页面标题,这些页面标题可以作为子论点,它们都是事实和理由的高度概括,支撑每页 PPT 的逻辑。

构建结构化演示需要提取结论、理由和事实三方面的信息,可以利用比较成熟的 SCQA 逻辑化表达工具架构。SCQA 是指情境(Situation)、冲突(Complication)、问题(Question)、答案(Answer),这也是由麦肯锡咨询顾问芭芭拉·明托在《金字塔原理》一书中提出的。基于 SCQA 架构,可以衍生出标准式(SCA,即情境-冲突-答案)、开门见山式(ASC,即答案-情境-冲突)、突出忧虑式

123

（CSA，即冲突-情境-答案）和突出信心式（QSCA，即问题-情境-冲突-答案）四种表达框架，可以提高表述的结构性、突出重点。开门见山式用于向领导汇报通常可以达到很好的沟通效果，因为你的第一句话就是重点。突出忧虑式表达框架的关键在于强调冲突，引导观众的忧虑，从而激发观众对情境的关注和对答案的兴趣。

商务信息构建成 SCQA 架构用于演讲汇报也能达到良好的沟通效果。比如：近几年来，某公司已经因为多元化研究业务而向许多客户收取了大量费用。但是，至今该公司也没有一个人能证明，某客户的某项目收购案或者并购案与公司的多元化研究工作密不可分。然而，本公司的多元化研究业务却在五年之中增长了 40％。因此，现在应该实施一项"公司发展项目"，以研究如何确保多元化研究确实能够为客户带来显著的利益。下面将上述信息构建成 SCQA 架构。首先，由观众熟悉的情景引入 S（情境），展示的是"多元化研究业务在过去五年中增长了 40％"。接着说明发生的 C（冲突），"无法证明多元化研究工作对客户有明显益处"。然后引发或者提出 Q（问题），"如何确保多元化研究确实对客户有明显益处"。最后，对疑问做出 A（回答），"实施公司发展项目对其进行研究"。

也就是说，SCQA 架构是一种逻辑化表达工具，能够将零散的思维、灵感、知识、数据等信息用一种框架收拢起来，将繁复的问题简化，便于听众理解并印象深刻。

10.4　结构化演示的图形

演示文档的结构是至关重要的，没有好的结构，再精彩的演讲风格、技巧和视觉效果都是无用功。如果第一步先构筑想法，并将其富有逻辑地组织起来，那么演讲者的思路会变得非常清晰，进而可以将内容逻辑和演示流程视觉化处理。

如果演讲者希望将一个已有 Word 文档的核心内容导入到幻灯片中再进行修改的话，可以利用"视图"菜单中的"大纲视图"，大纲模式是以大纲形式显示幻灯片文本，可以通过大纲从 Word 粘贴到大纲窗格来轻松创建整个演示文档。然后通过 PPT 的幻灯片结构视图进行浏览、重新排列或增减幻灯片；利用普通的幻灯片结构视图可以在编辑时以缩略图方式观看幻灯片,便于观看任何更改后的效果。

通常可以利用 PowerPoint 中提供的 SmartArt 图形,建立金字塔图形或其他结构图形等。PowerPoint 2016 中的 SmartArt 图形包括列表、流程、循环、层次结构、关系、矩阵、棱锥图、图片这 8 种,每种类型都包含了各种不同布局和结构的图形(如图 10 - 6 所示)。下面仅以金字塔形状和逻辑树形状为例进行简要介绍。

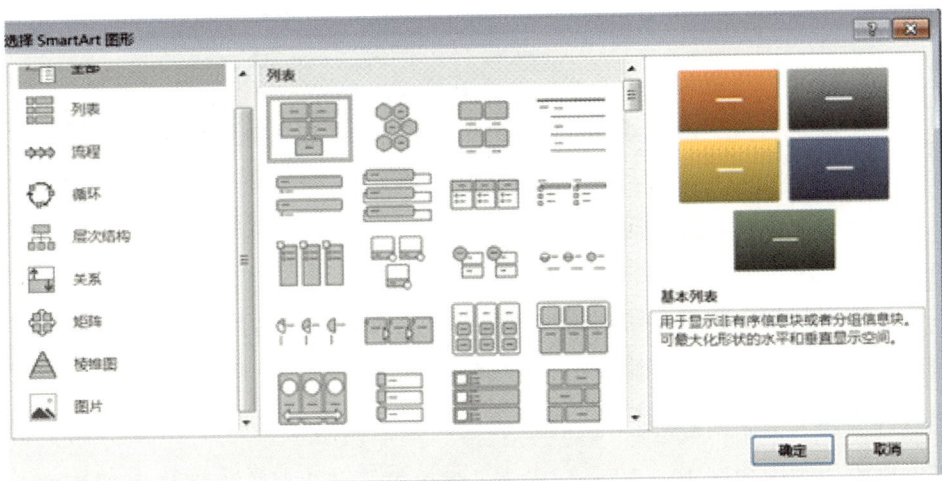

图 10 - 6　Power Point 2016 中的 SmartArt

1. 金字塔形状图形

需要表达层次关系的观点时,可以使用金字塔形状的 SmartArt 图像进行说明,其操作步骤如下。首先打开演示文档,切换至"插入"选项卡,单击"SmartArt"按钮,会弹出如图 10 - 6 所示的"选择 SmartArt 图形"对话框,然后选择"棱锥图"选项,单击"确定",即可看到幻灯片页面中插入一个 SmartArt 图形,根据需要插入文字即可。默认的层级为 3 层,如果需要更多的层级,可以选择 SmartArt 图形中的图片,切换至"SmartArt 工具—设计"选项卡,单击"添加形状"右侧的下拉按钮,在展开的列表中选择"在前面添加形状"选项(如图 10 - 7 所示)。如需删除多余的形状或层级,选中后再通过键盘"Delete"键即可删除。可以进一步通过对 SmartArt 图形的颜色或形状等改变进行图形美化。

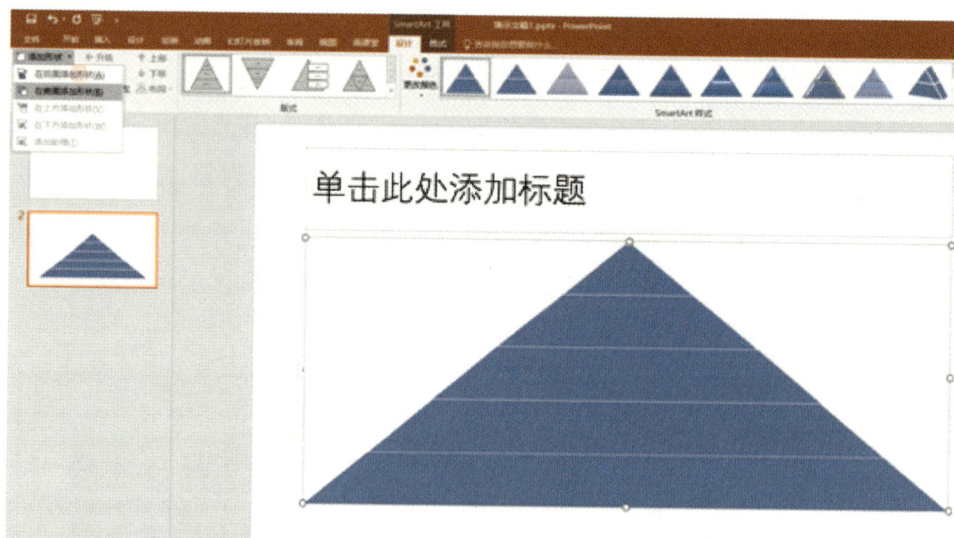

图 10 - 7　Powerpoint 2016 中 SmartArt 图形的金字塔层级增加

2. 逻辑树形状图形

在演讲报告中还经常用到逻辑树形状。逻辑树又称为问题树或演绎树等，逻辑树是将问题的所有子问题分层罗列，最高层是核心问题，次高层是构成核心问题的几类主原因，再向下扩展是形成每个主原因的分原因，并逐层向下扩展。逻辑树结构如图 10 - 8 所示，应该说逻辑树形状也是在金字塔原理基础上形成的。

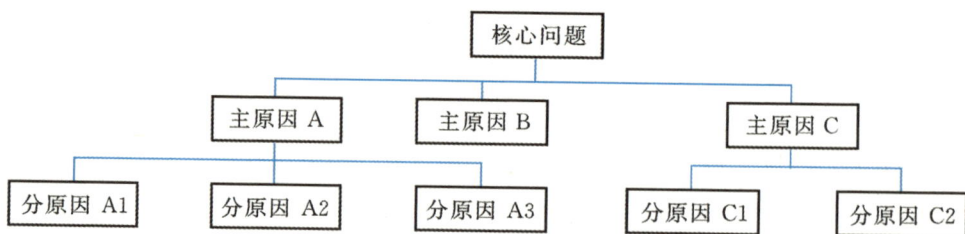

图 10 - 8　逻辑树

此外 PPT 中还常用到鱼骨图[6]。1953 年日本管理大师石川馨先生提出了一种原因分析方法，由于该方法构建的结构类似于鱼骨，因此叫作鱼骨图。"鱼骨"能够用一根线将所有的信息连接起来，也就是说某一信息的全貌和组成这一信息的"部分内容"可以立即呈现在你眼前，可以提高理解信息的速度和深度,能够使观众加深记忆。鱼骨图结构是分析及解决问题"根本原因"的常用方法。所要解决的核心问题写在鱼骨的头部位置,产生问题的几类因素成鱼骨态势分布展开,形成鱼骨状框架结构,再进一步分析这几类因素找出对应的分原因。鱼骨图结构如图10-9所示。

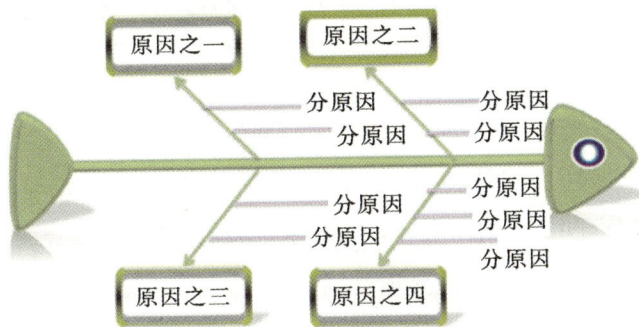

图 10-9 鱼骨图

小结

　　构建清晰易懂的演示结构是演示汇报至关重要的环节。这是将演讲者结构化的思维落实为结构化演示的过程,这样才能设计出主题明确、逻辑清晰、沟通效果良好的演示文档,以达到最有效的沟通效果。

参考文献

[1] 王世颖. 30分钟打造完美 PPT 演讲[M].北京:中国青年出版社,2018.

[2] 林屹. PPT 设计的艺术:人人都用得上的 PPT 设计书[M].北京:电子工业出版社,2018.

[3] 杨臻. PPT,要你好看[M].北京:电子工业出版社,2012.

[4] 王国胜. PPT 办公秘技360招[M].北京:中国青年出版社,2015.

[5] 明托. 金字塔原理:思考、表达和解决问题的逻辑[M].王德忠,张珣,译. 北京:民主与建设出版社,2002.

[6] 驹井伸骏. 鱼骨图笔记术[M].林杨,译. 北京:中信出版社,2019.

第11章
如何制作图文并茂的演示文档

11.1 演示文档的优点

演示文档由封面、提纲、过渡页、文字页、图片页、封底等多部分组成。演示文档的每个部分可由文字、图表、图片、音乐、动画和视频等组合而成。

演示文档的主要作用是突出重点，避免目标不清。如果没有演示文档的辅助，一味叙述可能会使得演讲者的汇报像一盘散沙，逻辑关系不清楚，缺少重点和针对性。如图 11-1 中左图，虽然内容充实，但杂乱无章，会使听众失去耐心。如果在演示文档的辅助下，通过合理组织汇报材料的结构框架，简明扼要填充汇报内容，使得展示内容逻辑分明、清晰易懂，如图 11-1 中右图，针对性强。如此便可使观众能够迅速抓住重点，提高观众接受度，减少观众负担。一份优秀的演示文档，能提醒演讲者站在观众的角度思考，提高个人表达能力；同时，对于演讲者的宣讲也是极为重要的加分项和亮点。

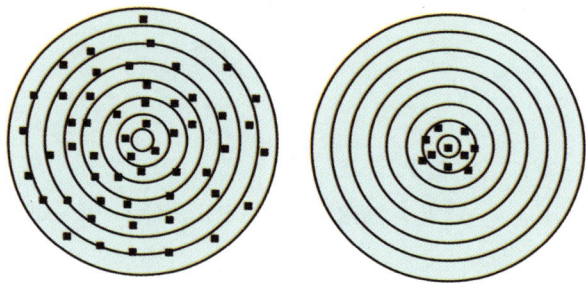

图 11-1 突出重点对比示意图

演示文档的另一个作用是展示数据。我们很难用直接阐述的方式将数据精确描述清楚，图表、图片和视频都是比较好的选择。如图 11-2 所示，一般使用图表作为数据信息的主要表达方式，能够给予观众直观感觉。视频（此处指拍摄、剪辑后的成品)和动画作为小众的表达方式,制作难度稍大,但视觉效果好,表达效果出众。

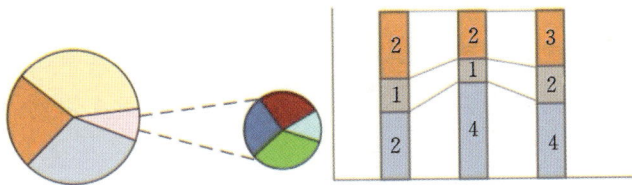

图 11-2　图表表达的直观性

站在观众的立场,演示文档能够吸引观众的注意力;同时,也能帮助稍微走神的观众,迅速抓住重点,重新回到主线,避免走神后听不懂的情况。总而言之,演示文档对于演讲者具有很大帮助,不仅能够帮助自己组织演讲材料,提供更多口头不能准确描述的信息,极大提高演讲的质量;而且能够辅助观众更好地理解演讲者的意图,帮助观众记忆,激发和保持观众的兴趣。

11.2　演示文档的制作基础

演示文档的制作基础一般包括:演示文档的模板、版式、色彩三个主要方面,以下对这三个方面做详细介绍。

1.模板

演示文档的模板已经设计好了页面排版、布局、字体和背景的格式。制作完成演示文档的模板后,后续使用时只需要替换或者填充具体内容即可完成。在制作演示文档时,为了获得更好的展示效果,通常会选择一个统一文稿模板来制作演示文档。

(1)模板的设计。演示文档模板的设计,主要分为以下三步:

一是确定演示文档模板的大致风格。风格决定了后续素材的选取,比如作者比较中意中国风,那么在之后的素材选择中可以选用水墨画作为背景图片,使用毛笔风格的字体。不同风格的模板具有不同的适用范围,比如,需要展示的是科技类的产品,那么使用商务风格来制作演示文档模板会是一个较好的选择。

二是选择素材。素材包含了模板中所需要的背景、字体、图标等一系列需求,在选取素材的过程中要切合两点,一是模板的风格,二是展示的主题。

三是动画制作。动画在模板制作中并不是必需的,但合理地添加动画能够加强展示效果,因此在制作模板的过程中可以适当地加入动画,让模板更加完善。

(2)模板的分类。设计模板分为标题模板、讲义模板和备注模板三类。标题模板,用来设置幻灯片的首页版式;讲义模板,用来设置多页幻灯片的版式及打印格式;备注模板,用来控制备注页的版式及备注内容的格式。

(3)模板的存储。在完成模板设计之后,可以把模板作为单独的文件进行存储,以便下次重复使用。

(4)模板的调用。在制作新的演示文档时,可以套用之前设计好的模板,如图 11-3 就是一个制作好的演示文档模板,包含了封面、大纲、图片页、文字页、封底等部分。

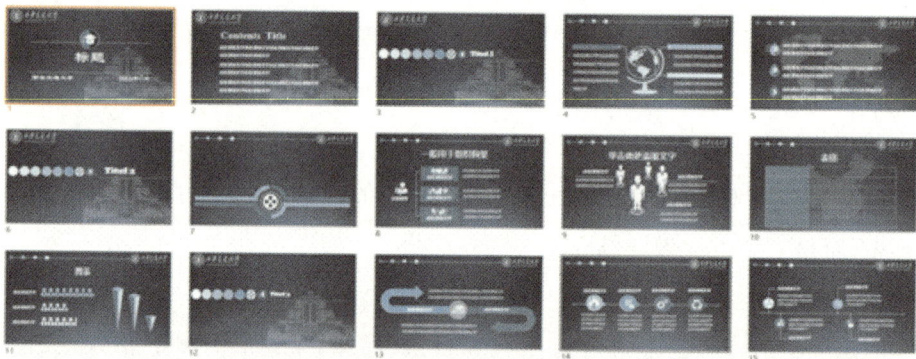

图 11-3　演示文档模板示意图

如果对于模板制作不熟练,在演示文档的制作中可以直接套用现存模板,但是务必要使用与自己演讲主题契合的模板,一个合适的模板能够达到事半功倍的效果。

2.版式

演示文档的版式指的是幻灯片中的一种常规排版的格式,通过调整演示文档版式可以更加合理简洁地对文字、图片等进行布局。演示文档的一般版式可以分为文字版式和图文版式。

常见的六种文字版式如图 11-4 所示,其中包含标题页、内容页等。通常对于文字,采用单独一段正文或者标题即可,如果有重点需要强调,可将重点部分文字颜色标红、加粗或者添加下划线;对于问题的阐述则可以使用两段式或者三段式(问题表现—问题分析—问题解决)增强整个问题描述和解决的逻辑性。

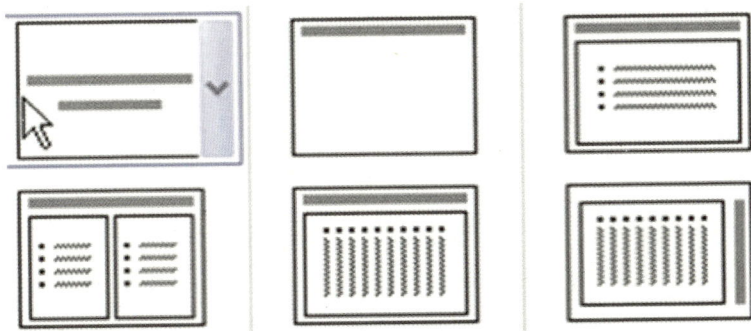

图 11-4　演示文档的文字版式示意图

所谓图文版式指的是当一页演示文档中既含有文字又含有图片的时候,所用的布局版式。如何放置图表和文字是布局中最重要的部分,一般来说可以采用左右两块或者上下两块分别放置图表和文字,如果图表比较大,文字描述较少,两块结构会比较不平衡,可以将图表放大,文字置于图表内。常用的六种图文版式如图 11-5 所示。

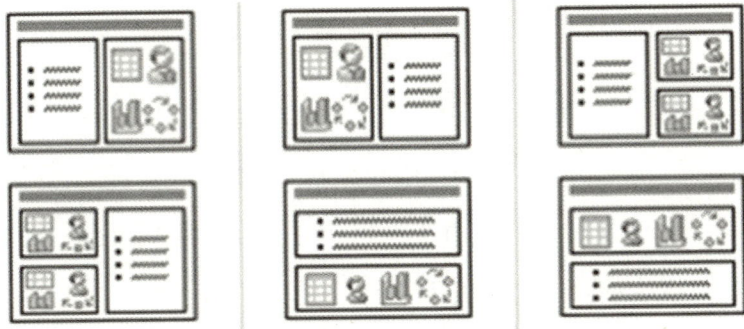

图 11-5　演示文档的图文版式示意图

在制作演示文档时要根据具体的需求和背景决定使用的版式,在选择过程中可以多加尝试,依据具体哪种版式最符合当前的展示目标从而做出选择。

3.色彩

当演讲者放映演示文档的时候,观众第一眼看到的不是上面的文字,而是上面的配色。观众欣赏演讲者演讲的过程,就和教师给学生审阅作文的过程一样,此时的演示文档相当于学生提交的作文,演示文档上色彩搭配得不好,就如同作文书写不工整,给人的第一印象会大打折扣。所以,在演示文档的制作过程中,配色非常关键,它很大程度地决定了观众的第一印象。除此之外,色彩的存在可以实现以下几个主要功能:

(1)分类,用以区分不同的观点和内容;

(2)突出,用以突出关键的要点;

(3)美化,使得演示文档的画面更加丰富。

另外,色彩还具备心理和生理功能,不同的色调会给人不一样的感受。如图 11-6 所示,红、黄、橙色等为暖色,青、蓝、绿色为冷色,使用不同的颜色可以表达不同的主题。因此,在制作演示文档的时候,应该针对观众群体,搭配适当的颜色。

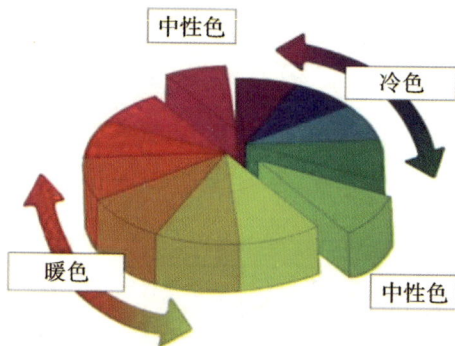

图 11-6　不同色调的冷暖表达

在选择颜色的过程中,除了注意颜色带给人的生理感受之外,还要注意不同颜色搭配时的注目性,切记不能选择注目性低的配色组合,这样会导致识别度降低,不利于抓住观众的眼球。

选择颜色时,既要根据演讲主题来选择基本背景颜色,又要注意协调好颜色之间的搭配,配色的注意点可以归结如下:根据单位统一使用的色调、幻灯片模板、演示主题、个人爱好配色;同一画面中大块配色不超过 3 种;对比的色彩不要过于强烈;使用的颜色应该为同一色系。

11.3 演示文档的放映

放映是演示文档制作的终极目的，也是演讲开始的起点，所以放映的"艺术"仍然很关键。

放映技巧：放映过程中可以使用翻页笔进行切换，也可以灵活使用鼠标或者键盘方向键来控制切换；根据具体的情景选择适当的放映方式，包括是否选择循环放映和是否使用演示者视图等；放映过程中应该灵活应用鼠标右键的功能；幻灯片的切换是为了使得每张幻灯片顺利和自然地过渡，切忌过于频繁地切换，切换和动画一样，不是演示文档必需的，过多地切换会使观众疲劳；切换的选择和使用要与表达的重点相匹配，特别是对重点内容的突出；学会使用左下角的画笔来标记和批注内容；养成使用排练计时的放映习惯，帮助自己更加精准地掌握用在各张幻灯片上的时间。

11.4 演示文档的形象化表达技巧

1. 使用提纲

提纲是用来概括性地叙述纲目、要点的文字，它不把全文的所有内容写出来，只把主要内容提纲挈领地展示出来。当需要演示的内容比较繁杂具体，篇幅较大时，提纲对演示者和观众都有帮助：有助于串联相关材料，使得对整体内容有一个纲领性的认识。

从格式上看，提纲有点像书籍的目录。一般目录是分级的，因此提纲也可以分级，但是演示文档的内容一般都是经过提炼的，所以演示文档的提纲级别不宜太多，通常只有一级，同时，演示文档的提纲也不宜过于繁琐。

如果演示文档不是太长，提纲一般也不会太复杂，可以通过手工方式制作。如果演示文档包含很多内容，提纲比较复杂，手工制作提纲相对困难。此时，通过 Word 文件为演示文档建立提纲比较方便。

用 Word 建立一个文档，内容如图 11-7 所示，把这个文档用 PowerPoint 软件打开，就可以为演示文档建立相应的提纲。Word 文档中的内容和演示文档中的内容有如下的对应关系：Word 中格式为"标题 1"的内容对应演示文档中每页幻灯片的标题；Word 文档中格式为"标题 2"和"标题 3"的内容对应演示文档中的栏目；Word 文档中其他文字在演示文档中不显示。

```
1. 简介
2. 主要观点一
   1）支撑观点 1
   2）支撑观点 2
3. 主要观点二
   1）支撑观点 1
   2）支撑观点 2
      ■  例 1
      ■  例 2
```

图 11-7　提纲内容

2.使用表格

表格，简称表，是数据整理最常用的手段之一，被广泛应用于商务交流、科学研究及数据分析活动中。同时，表格也是一种非常重要的可视化交流模式，各种各样的表格频繁出现在印刷介质、手写记录、计算机软件、建筑装饰、交通标志等许许多多地方。在演示文档中，尤其是涉及各类数据的演示文档中，表格几乎是必不可少的展示形式。

常用的表格制作软件有金山软件公司出品的 WPS、微软的 Microsoft Excel 等，它们可以方便地处理和分析日常数据，主要用于输入、输出、显示、处理和打印数据，可以制作各种复杂的表格文档，甚至能进行复杂的统计运算。也正是由于这些工具的方便性，使得人们容易产生依赖性。演示文档中使用表格一个最大的误区就是简单地将表格从软件中复制过来，这样做显然无法获得好的演示效果。下面介绍演示文档中使用表格时的注意事项。

（1）演示文档中使用的表格应该简洁。Excel 等软件中的表格作为演示文档的素材，一般都会包含非常丰富的数据，若直接复制到演示文档中，在一个页面显示时会显得非常拥挤。如果将字体调小，则在演示时观众可能会看不清楚,因此演示文档中的表格必须内容简洁。表格的行、列数目都不能太多,每个单元格中的内容也不应太多。

如果需要演示的表格确实无法在一个页面中展示,可以通过"分页"和"分批"两种方式来处理。分页是把一个表格分为若干个分表格,然后每个页面中展示一个分表。分页时应该注意:表格的表头、标题行等公共信息在每个分表中都应该出现,而且从第二个页面开始应该标注"续表"的字样。分批是把一个表格分为若干个部分,在演示时借助于演示文档的动画功能在一个页面中分批次显示每部分,具体的操作方法可参考 Office 软件的帮助文档。一般来说,如果页面的内容大部分是表格,则可以采用分页的办法,而如果页面中的内容除了表格之外还有其他内容,则分批的方法会更合适一些。

(2)为了获得更好的演示效果,演示文档中表格的格式有着特殊的要求。例如,表格每行的高度应尽量保证相等。图 11-8 为一个行高不等的表格,其中的"哈萨克斯坦"就占据了两行,而其他均为一行,这样显得不美观。如果出现这种情况,就要通过调整表格列的宽度、字间距等来使得 5 个字仅占据一行。可以看出,为了实现每行等高,表格中每个单元格内的内容篇幅应尽量一致,避免出现"过胖"或者"过瘦"的单元格。

国家	金牌	银牌	铜牌	总数
美国	46	29	29	104
中国	38	27	23	88
日本	7	14	17	38
哈萨克斯坦	7	1	5	13
荷兰	6	6	8	20

图 11-8　行高不等的表格

表格对齐方式也很重要。图 11-8 中的表格还有一个问题,就是数字的对齐方式不符合演示的要求。数字在表格中特别常见,表格中数字的对齐原则应使观众一眼就能看出数字的大小。对于多位数来说,看出位数的差别是最关键的,因此表格中数字的对齐方式应该是"个位对齐、每位等宽"。其他内容的对齐原则是标题行采用居中对齐,标题列(如果有的话)采用左侧对齐。此外,在演示文档中应该慎用居中对齐,常用到居中对齐的场合为表头、表格的标题、关键词。也就是说,除非为了强调,否则一般不用居中对齐。

演示文档中的表格还需要给出一些辅助的信息。例如,表格的最左边最好有一列标注行数的"序号",这样在演讲中演示者说到某一行时,观众能够很快查找到该行。再有,向观众演示内容本身也是一种类似"发表"的过程,需要注意版权问题,数据要给出来源。给出来源会使数据更加可信,更有说服力。

(3)对演示文档中的表格还应当进行一定的修饰。一般修饰演示文档中的表格的步骤包括:选择模板、设置线型、设置特殊行、设置阴影等。表格模板的风格应该和演示文档整体的风格相匹配。选择模板时一般有如下建议:表格背景的颜色应该和演示文档整体的颜色搭配;不选择完全没有外框的模板;选了模板之后,根据需要进行微调。

表格的框线是不同单元格之间的边界。如果在演示文档中单元格之间的背景颜色不同,也可以不需要内部的线或者用颜色很浅的线,但是表格第一行上方和最后一行下方的线(即表格的上下框线)一般不能少,而两侧的表格框线则可以省略。

表格中的一些特殊行应该进行特殊的处理。比如标题行(标题行是第一行,但是第一行并非总是标题行,这个需要根据内容来判断)、汇总行(如果有,一定是最后一行,同样,最后一行是否是汇总需要根据内容确定)可以单独设置格式。表格的各行之间可以设置成"镶边"的形式,即奇数行与偶数行格式不同,最常见的是背景颜色有差异。上述对行的操作一般也适用于列。

(4)演示文档中的表格一般需要突出一些重要内容。演示文档中的表格要求内容简洁,可以通过一定的形式把其中需要强调的内容突出显示,以支撑演讲者的观点。突出显示的方式一般是通过设置与其他单元格不同格式来实现,比如把某个单元格的字体加大加粗、改变字体及颜色、设置特殊的背景颜色、用箭头或者圆圈标识等。

最后,给一个反面例子来总结一下容易出现的误区[8]。图11-9给出了一个糟糕的表格的例子,里面包含了各种典型的错误。当然,这些错误在实际中也许不会出现在同一个表格里面,但是可能会或多或少的存在,请读者留意。

方式	说明	优点	缺点
WCL面方式	选择WCL作为重点突破对象	过去有一定的基础，相对成熟	1缺乏新意，用户有可能出现审美疲劳 2很难吸引年轻的新客户
WYZ立体开发方式	把WYZ作为主要目标	是一个新的方向，在未来短时间内不会过期	1缺少经验，不容易上手； 2操作比较复杂，不利于扩展； 3替代方案少，出现问题缺乏系统的应急方案； 4不同地区的产品可能出现不兼容的现象。
ZH-MDM方式	综合考虑ZH-MDM两个方向	1、用户感觉良好 2、适用面广 3、两者兼顾 4、失败的风险小	1存在冲突的隐患 2费用高 3收益相对偏低。

（图中批注）
5. 段落缩进没统一
1. 左右居中没对齐
3. 行列宽度没统一
4. 文字字体没统一
2. 上下居中没对齐
6. 项目编号没统一

图 11-9　一个糟糕的表格

3. 使用图示

当需要在演示文档中重点展示数据的变化规律、发展趋势、周期性质以及数据之间的关系时，图示法是一种很好的选择。图示法的种类很多，本书介绍几种常见的图示方法[9-10]。

饼图。饼图是反映各部分比例最常用的图示法之一。它的基本结构是一个分割成几个扇形（本书称之为块）的圆。如 Excel 等数据处理软件可以通过原始的数据来构建饼图，具体的方法参考软件的使用说明书，或者在互联网上查阅。这里向读者说明一些制作饼图的注意事项。

饼图不能被分割得过细，一般一个饼图包含 4～8 个块即可。由于饼图中的每一块都需要用不同的颜色或者背景图案进行区分，如果一个饼图包含太多的块，则块之间就很难区分开来。一般来说，对饼图中的每一块都需要进行文字说明，如果分割得过细，则留给文字的空间可能太小。饼图中标注各块所占比例时各块百分比之和应该等于1。在软件自动生成的饼图中可能会出现由四舍五入引起的偏差，例如把一个饼图等分为 3 等份，百分比保留到整数，每份就是 33%，加起来就只有 99% 了。

在演示文档中，如果需要对饼图的某一块进行强调，可以采用如下的方法：

137

把最重要的一块放在 12 点钟的方向;为某块设置明显不同的颜色;把某块从饼图中拉出一定距离。图 11-10 是一个饼图的示例。它给出了卫星异常事件起因的统计分布情况,其中为了强调静电放电(ESD)的重要性,将对应的部分进行了特殊的处理。

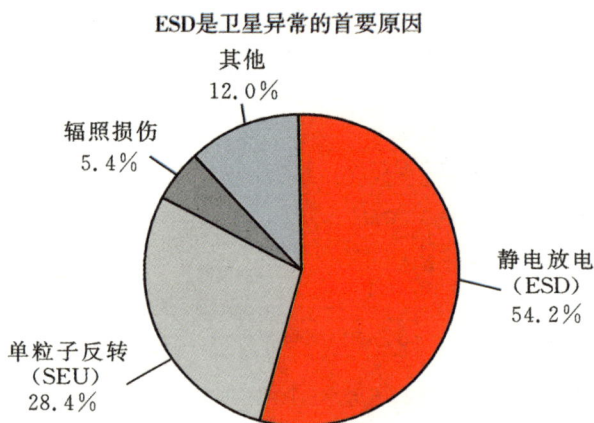

图 11-10 饼图示例

除了用圆形来表示外,也可以用环形来构造饼图。图 11-11 为一个环形饼图的例子,通过设置特殊的颜色和"拉出"操作对其中一块进行了强调。显然,作者想要表达"学生上网时间太多"的意思。环形饼图还有个优点就是可以把多个同心环放在一起,对比多个系列数据的规律。

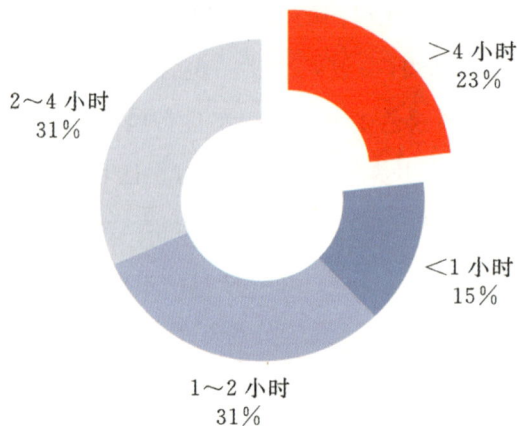

图 11-11 环形饼图示例

除了常规的饼图外，还有几种特殊类型的饼图，例如，复合饼图。当需要对饼图中某一块进行进一步说明时，可以使用复合饼图。图11－12是一个复合饼图的例子。此例中的"其他"块，由于包含了较多的信息，用一个子饼图来进行说明。需要注意，子饼图中的比例要使用其在母饼图中的值。

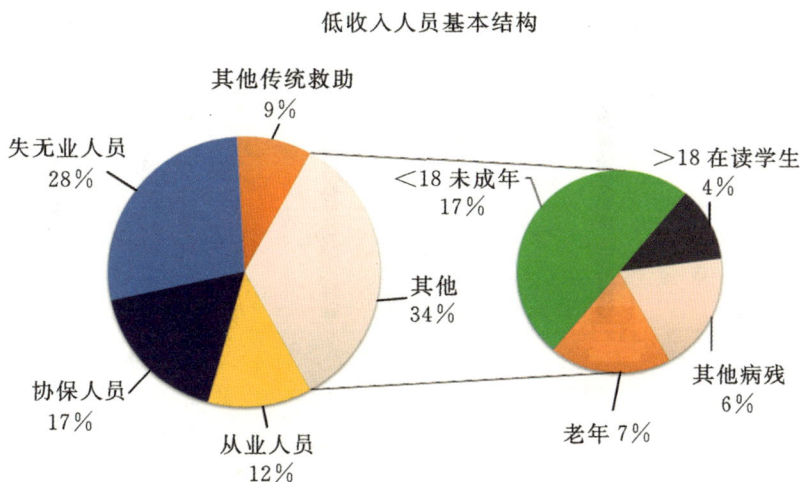

低收入人员基本结构

图 11－12　复合饼图示例

饼图最大的不足之处是当两块数据的差别不大时很难看出差异，而柱状图和条形图则在这一方面有优势，因此下面介绍柱状图和条形图。

柱状图和条形图。柱状图和条形图主要用于直观地对比数据。两者在形式上非常相似，在许多场合并不作区分，但是严格地说，两者还是有差别的，柱状图通常用来呈现变量的分布，其自变量一般是数字的区间，各柱之间有一定的顺序，不能交换次序。条形图的自变量为并列的同类型的量，相互之间可以交换。

前面说到，柱状图和条形图比饼图更容易区分数量之间的大小关系。长度之间的差异比角度之间的差异更加直观明显，因为两个不同高度的柱子很容易看出谁高谁低，而角度比较接近的扇形则不容易看出来相互的大小关系。图11－13是网上给出的一个例子，对于相同的数据，从上面三个饼图很难直观地看出大小顺序，而下面的柱状图则非常清晰地给出了大小顺序。

A   B   C

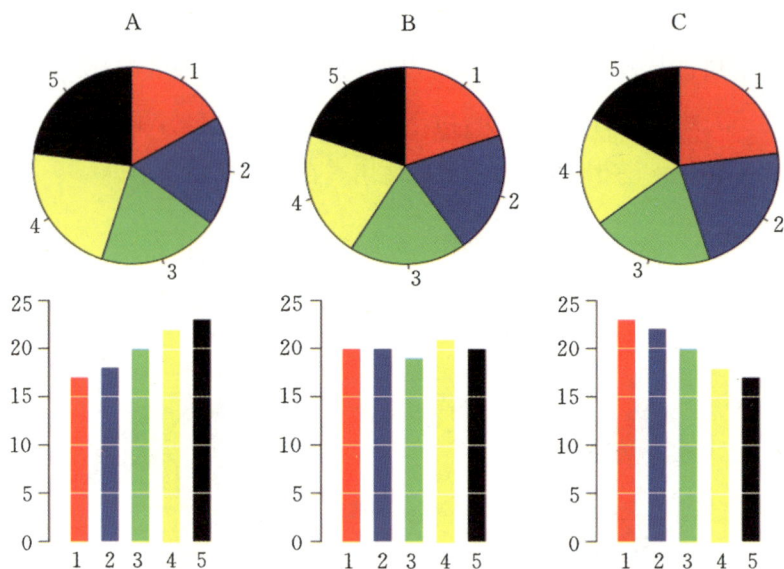

图 11-13　饼图和柱状图的不同效果

由于上述原因,柱状图和条形图非常适合用于数据对比。图 11-14 给出了一个对比型条形图的例子。读者应该在很多的对抗性体育比赛中见到过类似的对比图。

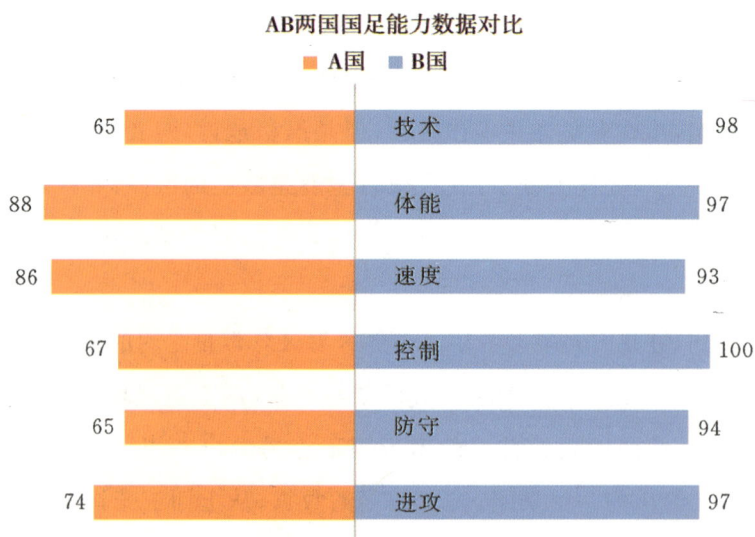

AB两国国足能力数据对比

■ A国　　■ B国

A国		B国
65	技术	98
88	体能	97
86	速度	93
67	控制	100
65	防守	94
74	进攻	97

图 11-14　对比型条形图

有一种比较特殊的柱状图称为"百分比柱状图"，它把每根柱子进一步分割成几段，这样就能给出更多的信息。图 11-15 给出了一个百分比柱状图的例子。每根柱子给出的是某个年度学生成绩的分布情况，通过对比可以明显看出学生成绩逐步提高的趋势，相信这也是笔者和读者都希望出现的现象。

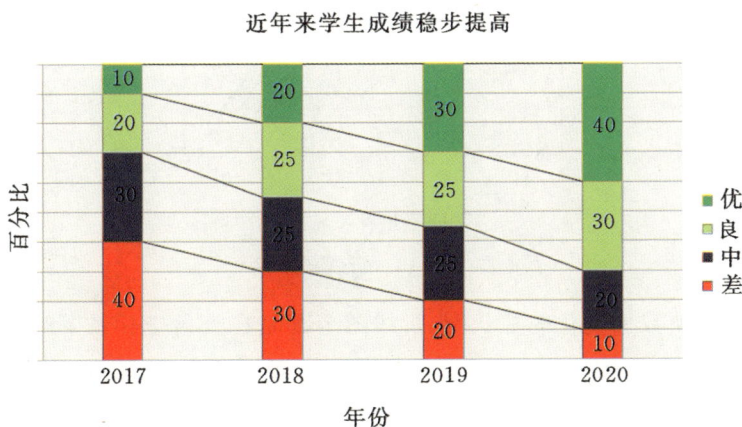

图 11-15　百分比柱状图

折线图。折线图是反映两组数据之间关系的常用方法，比如初中学过的函数曲线就是折线图。虽然 Excel 中利用数据画图的功能非常强大，但是笔者认为 Origin 画图更为专业，另外一些免费的软件如 nGraph，Gnuplot 等也非常不错。下面介绍绘制折线图时应该注意的事项。

折线图的纵轴应该选择合适的起点，使得数据的分布、对比、趋势和周期性等能够客观、准确地体现出来；折线图的各个坐标轴应该标明单位；同一幅图中可以展示多组数据，各组数据之间应该区分明确。在演示文档中，折线图中的曲线、坐标轴线、轴上的刻度线及各种辅助线应该适当加粗，必要时用颜色区分；同一幅折线图中不要包含太多组数据，一般不超过 3 组；折线图中需要对数据提供清晰的说明，合理布局各种注释，使得整幅图清晰又美观。图 11-16 为一个折线图的例子，图中反映了电介质材料在带电状态下，材料表面的电位 U_{min}（蓝色曲线）和距离 d_m（红色曲线）与材料中陷阱密度的关系。这里显示的是一系列图中的第二张，所以在左上角有子序号"(b)"标记。根据不同出版物的要求，子序号(b)有时放在主序号后面，写成"图 11-17(b)"的样式。

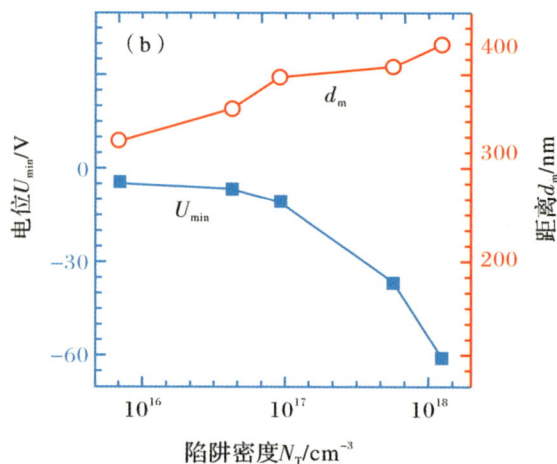

图 11-16　折线图示例

通常,反映数据变化的柱状图、折线图等都是在直角坐标系下绘制的,而如果在其他坐标系下绘制,就可以得到不同形式图示,雷达图就是其中一种。图 11-14 中的数据如果用雷达图表示就是图 11-17 所示的样子。雷达图一般构成闭合的曲线,而曲线的面积则可以体现整体的性能。图 11-17 更清晰地体现了两支队伍水平的差距。

142

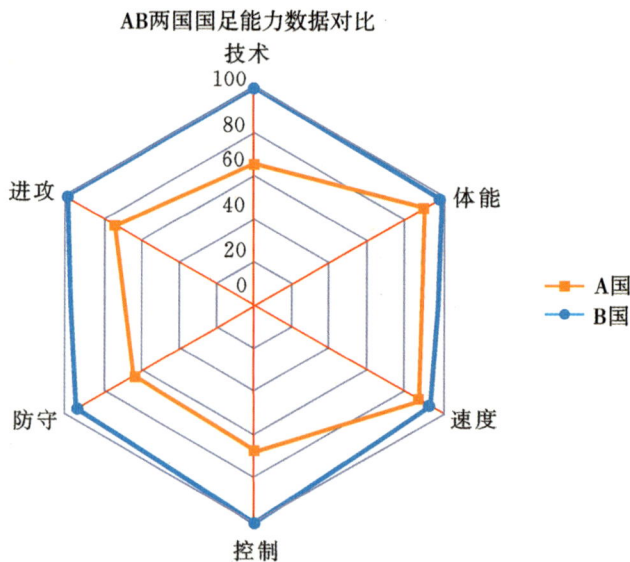

图 11-17　雷达图示例

像素图。前面讲的几种图示都是通过数据生成的示例图,像素图则是像照片一样由像素构成的图片。演示文档要图文并茂,照片等像素图大量在演示文档中出现。下面介绍演示文档中使用像素图时应该注意的事项。

第一,图文并茂的演示文档中,图是主体,文是辅助。如果读者关注过各种新产品的发布会,会发现使用的演示文档基本都是靠绚丽的图片冲击观众的眼球,而文字则非常简短。

第二,尽量使用真实的照片,而不是卡通的图片。除了特殊场合,需要使用效果图来突出主体、避免环境的干扰外,应尽量使用真实的照片。

第三是图片尽量清晰,一定要避免在播放时出现模糊或者马赛克现象。有时原始图片像素可能比较低,而放大后由于像素不足可能会出现马赛克现象,这种情况下就要尽量使用高分辨率的图。

第四就是要防止图片的畸变。尤其是对有人物的图片,在缩放时一定要保持纵横比例不失调。

第五是要尊重图片的版权。

以上就是演示文档中使用图表时应该注意的事项。需要注意,演示文档还有一个重要的制作技巧就是设计动画,但是由于很难通过文字来介绍动画的设计及使用,本书不涉及此部分内容。

11.5　制作演示文档的其他工具

微软 Office 系统中的 PowerPoint 是目前使用最为广泛的演示文档制作及演示工具之一。然而,PowerPoint 本身在操作和视觉上存在设计局限,新的演示工具软件层出不穷,每一种都能设计出其独有的风格与特色,并已占据不小的市场。下面对现在市面上其他常用的演示工具软件做简单的介绍。

1. Prezi [11]

Prezi 原型最初由亚当·奈姆莱·费歇尔(Adam Somlai-Fische)开发,来展示他的媒体艺术作品。彼得·哈拉克斯(Peter Halacsy)看到了 Adam Somlai-Fische 的演示后十分感兴趣,并与 Adam Somlai-Fische 合作,创建了在线的缩放式演示文档编辑器 Prezi。Prezi 提供的动态效果十分酷炫，往往通过路线跳跃、内容切换，配合旋转等动作给观众带来巨大的视觉冲击，使演讲更加生动有趣，更能抓住观众的注意力。Prezi 可以构建一种全局图形，演示者通过点击全局图形的一个部分来进入该部分内容，如此可以让观众在了解局部内容的同时把握全局构架与思想，尤其能使流程、结构、构架和演变等场景更加清晰，使演示更具系统性和结构性。此外，Prezi 的无边框设计使用户不用担心在 Power-Point 中经常出现的内容超出边界的问题。Prezi 还支持在线编辑和多用户协作，支持 PPT 和 PPTX 格式的 PowerPoint 文件导入，并能在网页与桌面版使用。

2. Keynote

Keynote 在 2003 年由苹果公司发布。与 PowerPoint 相比，Keynote 有很多独特的优点。Keynote 秉持了苹果一贯的简洁风格，精致优雅的交互界面让人赏心悦目。Keynote 丰富的图片字体和图形化设计模式使用户有了更多的发挥空间，生动流畅的动态效果可以很好地抓住观众的注意力。MacOS 内置的 Quartz 等图形技术赋予了 Keynote 巨大的能量。Keynote 的三维转换让其在演示软件中脱颖而出。但 Keynote 同样具有一些缺点，Keynote 极度简化的设计风格使得某些功能缺失。Keynote 仅支持 Mac 和 iOS 设备，在 Windows 系统上无法使用该软件。相比于 PowerPoint 丰富灵活的插件，Keynote 对插件的兼容性较差。

3. 金山 WPS[12]

WPS Office 是北京金山办公软件股份有限公司出品的办公软件，曾多次获得国家级荣誉与奖项。在微软 Windows 系统出现以前，WPS 就已经成为一种流行的文字处理软件。在 WPS 文字处理软件基础上发展出的 WPS Office 具有以下优点：一是与 PowerPoint 相比较，WPS Office 具有一些更符合中文特色的功能；二是相较于微软 Office 系统不菲的价格，免费的 WPS Office 也能为用户提供充足的功能；三是 WPS Office 为用户提供了内容丰富的模板平台稻壳儿网站；四是 WPS Office 提供了强大的文件备份和云储存功能；五是 WPS Office 以其轻便、简洁、兼容性好、功能丰富的特性,在移动端表现优异。

4. Focusky[13]

Focusky 是一款免费、高效的动画 PPT 演示制作软件。不同于 Power-Point 中"页"的概念,Focusky 提供了一种基于一块宽广画布的设计模式,使局部与整体之间能更好地交融,其无限缩放、旋转和移动的切换方式,使演示更加生动有趣。Focusky 内部丰富的背景、图像和动画为用户带来了更多的选择。Focusky 同时支持 Windows 系统、Mac 系统和网页版,让用户更加得心应手。

5. LaTeX[14]

LaTeX 是一种基于 TEX 的排版系统,美国计算机学家莱斯利·兰伯特(Leslie Lamport)开发的 LaTeX 是当今世界上最流行和使用最广泛的 TeX 宏集。相较于 PowerPoint,LaTeX 不需用户花费大量时间在排版、对齐、设置居中等格式问题上,其强大的排版功能为用户节省了大量的时间,用户只需要使用编码的手段就能完成整洁的排版工作。同时,LaTeX 对于生成表格、数学公式和图形排列的强大支持,使其取代微软 Office 系列软件成为编写高质量科技文档的首选工具。

6. Adobe Acrobat

Adobe Acrobat 是 Adobe 公司研发的一种应用软件和服务,用于查看、操作、打印、管理 PDF(Portable Document Format)标准格式的文档。通过 PowerPoint、LaTex 等工具编辑的演示文档,可最终转换为 PDF 格式,用 Adobe Acrobat Reader 等支持 PDF 阅读的工具打开,进入全屏播放模式后进行演示。

小结

　　本章介绍了如何制作图文并茂的演示文档,从演示文档的优点、设计原则切入,简要介绍了制作和播放演示文档的要点,还介绍了图形表达这一重要表达手段。同时,演示文档中会大量地使用图表。演示文档中的图表应当简洁明了、要点突出。在布局、色彩等方面充分考虑演示的现场环境和观众的需求,给观众留下突出而不夸张、华丽而不花哨、有说服力而不强势的印象。

　　此外,本章还介绍了 Prezi、LaTex 等演示工具软件,帮助读者根据不同场合的需要选择不同工具,而不仅仅局限于 PowerPoint。

参考文献

[1] 韩鸿雪. PowerPoint 2019 从入门到精通[M].北京:人民邮电出版社,2019.

[2] BARTSCH R A, COBERN K M. Effectiveness of PowerPoint presentations in lectures[J]. Computers & Education,2003,41(1):77-86.

[3] ADAMS C. On the "informed use" of PowerPoint:rejoining Vallance and Towndrow[J]. Journal of Curriculum Studies,2007,39(2):229-233.

[4] GAREIS E. Active learning:a PowerPoint tutorial[J]. Business Communication Quarterly,2007,70(4):462-466.

[5] RICHARDSON D,CASTREE N,GOODCHILD M F,et al. International encyclopedia of geography:people, the earth, environment and technology[J]. Color Theory,2016:1-14.

[6] 王芳. PPT 课件的界面设计与制作[J]. 读与写(教育教学刊),2016(11):13-15.

[7] 顾容,黄涛,赵立影,等. 教学 PPT 插图颜色及布局规律的实验研究[J]. 浙江工业大学学报(社会科学版),2014(01):54-59.

[8] 平林纯. 玩着玩着就能成 PPT 高手[M].颜翠,译. 长沙:湖南文艺出版

社,2012.

[9] 李治. 别告诉我你懂 PPT[M].北京:北京大学出版社,2013.

[10] 王国胜. PPT 办公秘技 360 招[M].北京:中国青年出版社,2015.

[11] 姜宏志. 基于 PREZI 的演示文稿设计方法的探讨[J]. 中国科技信息,2014
     (8):202－203.

[12] 邢丹. 中文办公排版软件 WPS 的发展回顾[J]. 现代交际,2015(2):20.

[13] 陈晓纯. 演示软件 Focusky 在教学中的适用性研究[J]. 电脑知识与技术,
     2019,15(3):155－157.

[14] LaTeX-A document preparation system[EB/OL]. [2021－01－19]. https://
     www. latex-project. org.

实用文写作

第12章

电子邮件

12.1　电子邮件的使用现状

电子邮件(E-mail)自从 1971 年被发明以来,至今已走过了 49 年,其地位一直没能被任何新生代的互联网产品所完全取代。与其他互联网产品相比,电子邮件有着无可匹敌的开放性——任何地方的任何人都可以通过发送电子邮件的方式与另一个人产生联系。无论通信双方是否相知,只要知道对方的电子邮件地址就可以。

与微信、QQ 等即时通信工具相比,电子邮件更适合用于较为正式的工作交流及商务沟通,可与正式的书面信函等同。因此,在使用电子邮件时切忌"随意",否则很可能会造成不良甚至恶劣的后果及影响。作为网上沟通的重要载体之一,电子邮件究竟给我们的生活带来了什么? 首先来看几组数据。据统计,在 2015 年,全球电子邮件用户数量为 25.9 亿人,全球每天收发邮件数量为 2056 亿次。每天到了办公室打开电脑首先查收并处理电子邮件,是很多人的日常习惯。根据调查显示,占比约 76.4% 的用户使用电子邮件是为了"发送和接收工作相关邮件",占比约 39.4% 的用户使用电子邮件是为了"存储资料",占比约 32.3% 的用户是为了通过邮箱和老师、同学们进行交流,占比约 28.9% 的用户通过电子邮件接收电子账单,此外,用于接收电商交易邮件的用户数量占比为 28.1%。

据美国的一项调查显示,将近一半的受调查者认为,互联网、电子邮件以及相关联的科技使他们的工作更加有效率。此外,约六成的受调查者认为电子邮件对于上班族是十分重要的。

那么,用户量如此巨大、如此受欢迎的电子邮件在使用中常常会遇到什么样的问题？如何才能让电子邮件的使用变得更加高效？在发送和回复电子邮件时又有哪些技巧和注意事项呢？本章将针对以上问题一一进行叙述。

12.1.1　电子邮件的特点

作为使用最频繁的商务通信工具，电子邮件最大的特点就是"方便"。此处的"方便"可以解释为以下几点：

(1)快速送达——不论收件人和发件人相距多远，发件人在点击了发送键后，邮件在几分钟内就可以到达收件人的邮箱。

(2)容易确认——如果收件人愿意，他可以很容易就确认收到了邮件，发件人也可以利用邮件系统的已读回执功能确认对方是否收到了邮件。

(3)快速回复——收件人在收到邮件后可以很快地回复发件人而不必担心让对方等待过长的时间。

(4)几乎零成本——收件人和发件人不用花费一分一毫就可以通过电子邮件完成一次或数次有效沟通。

(5)可以同时发送多个副本及附件。

然而，方便绝对不是使用电子邮件传递某些信息的好理由。在使用电子邮件之前，必须清楚，电子邮件是一种公共媒介，每次发送或接收电子邮件时，信件的副本都会复制到服务器上，这样，邮件收件人以外的其他人也有可能会看到邮件。所以，邮件的内容要格外谨慎。

电子邮件使用方便、信息传递迅速高效且非常节省成本。但绝不能因此就理所当然地将电子邮件的撰写当作一件容易的事情。当一封电子邮件发送出去后，只要收件人在线，他可以在几分钟内就收到并阅读邮件的内容。所以，在发送邮件前，认真检查并确认所撰写的内容是否准确、表达是否合适是很有必要的，因为一旦点击了发送键，就无法收回。虽然有些邮件系统有撤回邮件的功能，但在撤回之前收件人很有可能已经查阅了邮件，很多误解就是由不专业的邮件造成的。

12.1.2　使用电子邮件过程中存在的主要问题

1.非正式的格式及无条理的内容导致低效的沟通

在全世界每天有几千亿封电子邮件被发出的今天,人们却很难感受到电子邮件的高效性。阅读、撰写、管理电子邮件会耗费人们大量的时间及精力。美国管理协会(American Management Association)和电子政策研究所(The ePolicy Institute)进行的调查表明:如今人们每天花 30 分钟到 4 个小时甚至更多的时间来处理电子邮件。垃圾邮件是造成该问题的原因之一,但另一个更重要的原因是人们不了解使用电子邮件的注意事项和写作技巧。如果邮件中充满了错误、矛盾、难懂的语言,读者就会失去阅读的耐心,而且这种毫无规律、没有重点、无法让人信任的沟通不仅会令邮件发件人面临信誉扫地的危险,还可能会导致一系列不可预知的不良后果。

我们举一个工作中邮件交流沟通失败的例子。艾伦是一位在外企工作的网页设计师。他正和一位外地分公司的同事共同完成一个项目,但是由于工作地点的不同,他们无法见面商议。为了商讨是否应该劝说客户推迟期限以完成全部测试工作,或者是否在原定限期内将尚未经过测试、并未完全准备好的产品提交给客户,艾伦跟同事电子邮件往来了整整一个上午。"在发送了十几封电子邮件后,我真的郁闷至极。因为我们离解决问题还远着呢",艾伦跟其他同事抱怨。

为了尽快达成一致、确定解决方案,艾伦把和这位同事讨论的邮件抄送给了他们的直接主管。"当时我认为这样做是对的,我只是想尽快解决问题,我以为他会了解正在发生什么,然后介入进来,做出决定,结束我们的争论。"不幸的是,艾伦的同事因此非常生气,认为艾伦的行为是在向主管表达对自己的不满。与此同时,他们的主管不仅看到两位下属往来的邮件内容,还认为艾伦此时的抄送,是一种利己且不成熟的表现。不久之后,艾伦离开了这家公司,他表示自己因此很尴尬,但也是更为明智的选择。他好意做出的决定,在他的同事和主管看来却是恶意。他们不仅不认为这样做是为了提高工作效率,还认为他的这种行为是具有破坏性的,不友好且很小气。

问题在于,电子邮件沟通可能变成竞争或被认为是控制行为。人们往往会通过电子邮件做或说自己在当面不会说或做的事情。如果面对面讨论,他们可能不会让上级介入,使问题复杂化。但是,电子邮件沟通无需看着对方的眼睛,这就容易让人以不恰当或竞争的方式行事。以艾伦的失误及其他一些电子邮件失礼行为为例,好意发送电子邮件的行为可能被误解。因此,邮件发送的对象和写作技巧及由此引发的表达与交流问题,在工作和商务往来中十分重要。

2. 电子邮件并非万能

是不是所有的信息都可以用电子邮件来进行传递呢?答案当然是否定的。电子邮件毕竟是一种公共媒介,每次发送或接收电子邮件时,邮件的副本都会复制到服务器上,这样,收件人以外的其他人也有可能会看到你的邮件。所以,对邮件的内容要格外谨慎。

一般不要通过电子邮件传送以下信息:

(1)公司或个人的隐秘信息。电子邮件的隐私权没有得到充分的保护。在你将公司的机密或他人的隐私放入邮件内容前,就要考虑这些信息被公之于众会造成怎样的后果。

(2)敏感的话题。电子邮件不是面对面的交流。由于没有面部表情、肢体语言和语调的暗示作用,发件人常常很难意识到信件的内容对收件人而言是伤害亦或是冒犯。而且电子邮件的内容通常会包含电话或面对面交谈中不会提及的信息。所以,如果发送前不考虑收件人的感受,会很容易使人产生负面情绪。

(3)复杂的信息。邮件的主体最好不要传递复杂信息,比如详细报告。因为在屏幕上读这样的信息很费劲、很耗时,所以最好将其作为附件发送,而邮件主体主要描述或概述附件的主要内容。此外,当发现需要回复的问题很多或很复杂时,最好能够根据情况采用面对面会谈,即时通信工具如微信、QQ 或电话等。在这种情况下,这些沟通方式比电子邮件更适当、更有效率。

12.1.3 何为有效的沟通——好的电子邮件和差的电子邮件

随着国际化进程日益展开,在学习和工作中,沟通双方留给彼此的第一印象多半来自电子环境,而这正建立在一个人对语言的组织能力和写作水平的基础上。企业高管们普遍认可的是:在工作上能够不断精进的人,多是那些拥有绝佳表达技巧的人。因此,良好的写作技巧是职场获胜不可缺少的利器。具有良好写作技巧的员工对公司来说也是一笔宝贵的财富。书面胜于口头,你做过什么、要去做什么、需要别人做什么,写邮件发出去,可以作为起争执时的证据,同时也方便在年终盘点的时候了解每天的工作内容及状态。Written is always better than oral(书面强于口头)。所谓细节决定成败,这些都是细节,却也反映出一个人良好的职业习惯。

通常我们理解的邮件的撰写风格可以比传统的纸质信件、传真等稍微随便一点,但是,即便是撰写电子邮件,由于是谈论公事,还是应该采用正式严肃的风格。尤其是当第一次跟收件人联系,正式的商务信函能让你给对方留下非常专业的印象。另外,写邮件时规范的格式能让你的邮件比其他邮件更能得到收件人的重视,收件人也能更快地从你的邮件中找出重要的信息。综上所述,用电子邮件进行有效沟通的关键是平衡速度和质量的关系,一句话就是切忌求快!

无论在学习还是工作中,有效的沟通起着至关重要的作用,下面这个例子很好地说明了这一点:

一位从业数年的软件程序员总结了四类最常见的客户邮件。他经常会收到一些和程序运行维护相关的邮件,但只有极少数邮件能清楚描述问题,而大部分邮件却令人大费周折。

1. 含糊不清的邮件

"某功能不能用了,麻烦修复一下。"

除了说某功能不按照特定用户期望的方式工作之外,邮件没有提供任何关于此问题的详细信息。问题可能出在任何地方——从灾难性的系统故障到对程序功能的简单误解。通常来说,为了确定问题的本质,程序员需要制定一系列的行动:邮件跟踪、打电话和召开会议。

2. 危言耸听的邮件

"紧急情况!!! 系统宕掉了! 我们的用户什么都干不了了! 请求帮助!!!"

发件人通常会把邮件标记为重要,并且抄送给联系人名单中的每一人。他们极度夸大问题的重要性和紧急程度,无非是为了使问题得到尽快解决或者是因为他们懒得检查问题所在。通常问题很少像邮件中描述的那样严重,但不幸的是程序员也得费很大功夫去解决这件事情。

3. 风马牛不相及的邮件

"你能检查下某功能还管用吗?"

结果实际问题很可能与邮件中所说的某功能毫不相关,不幸的是程序员事先并不知道。为了弄清楚可能导致此功能发生故障的原因,程序员要花费很长时间检查相关代码,到头来却发现这一切都是徒劳。

4. 理想的邮件

"当我使用 A 功能时,B 现象却发生了,其实应该发生的是 C。这里有这些问题的截图。"

邮件内容清楚、简洁并且不会胡乱断言出现问题的原因,为程序员提供了足够的信息去着手解决出现的问题,通常情况下无需额外再去追踪,单靠这些信息就能在最短的时间内高效地解决问题。虽然写这样的邮件并不比其他 3 种类型的邮件费事,但这样的邮件却并不多见。让人不禁感慨,如果所有的邮件都能写成这样,准确高效的沟通就不是什么难事!

从上面这个例子可以看出有效的沟通能够改善沟通的品质,提高工作效率,同时增强别人对你的好感度,一封好的电子邮件亦是如此。

低质量的电子邮件很容易就被识别出来。吓人的电子邮件通常很长,写得也很差,有很多附件,而且很难略读。这类电子邮件很明显就能被看出来,也通常会被忽略或被适度提出疑义:"你好,我发现这封电子邮件很难懂。如果其他人同意,你可以修改一下或召集会议进行说明吗?如果不行,我再打电话给你进一步沟通。谢谢。"因此,吓人的电子邮件并不是最危险的那种。真正危险的电子邮件,是那些看起来写得很好,但实际上却充满了让人分心的东西,想法也不全面,信息模糊不清的邮件。下面是相同内容的两封电子邮件。

寄件人:项目经理 A

收件人：项目 B 开发团队

主题：最近检查讨论摘要

过去四周以来，我们之中有很多人想知道，我们重新设计的程序代码签入流程，什么时候可以最终完成。我知道我们花了很长时间在门厅和会议室里讨论，想找出正确的方法来决策，但却没有了解新流程的实质设计。挑选委员会成员对我来说也不容易，很多人都知道，花的时间要比预期多。我为此感到抱歉，但这些事还是发生了。

所以，首先，我想让你们知道新提案的一些重点，避免有人错过了我们的周会讨论，或者这两周没有和我谈过情况。

1. 签入程序非常重要。它们决定我们到底在构建什么。

2. 每个人都有意见。我们都听过小王和小张各自的详细描述，解释他们认为当前系统这么糟糕的原因。

3. 没有简单的答案。我们讨论过的多数修改都有缺点。所以，当我们最后达成结论时，在转换时期会有一些粗糙之处，而且可能会持续不断。

得出这些结论后，现在我想让你们知道，本周剩下的时间我会给你们发去修改过的提案。请注意我发的下一封电子邮件，应该很快就会发了。

谢谢。

项目经理 A

收件人花费时间从头到尾读完这封电子邮件后，并不清楚下一步该做什么。邮件内容冗长却毫无条理，对过程和细节的描述过多，而没有提出实质性的问题及给出下一步的计划，让收件人摸不清头脑。

对上面这封邮件进行如下修改：

寄件人：项目经理 A

收件人：项目 B 开发团队

主题：新的签入程序流程

新的签入程序流程的最终提案已完成，放在网站上：http://ele/proc/checkin/。

因为这是一个有争议的问题,我已经和团队中的多数人一对一地讨论过这个提案,整合了每个人的反馈意见。如果其中没包括你的,而你有强烈意见,请尽快发给我。

但请注意:关于这些即将到来的改变,这是第二次公开声明。目前修改的机会很小,今后会更小,请现在就采取行动。

周五下午五点,是针对上述提案和我联络以提出反馈意见的截止时间。在那之前,我会考虑和回应任何问题或意见(和适当的人共同研究);否则,这件事就这样,并在下周开始生效。

谢谢。

项目经理 A

和前一封很差的邮件不同,这封电子邮件没有提到任何情节,或试着为任何事情辩解:所有内容都是关于行动的。电子邮件内容很短、又十分明确而且抓住重点。它实际提供了提案,而不是在谈论提案。虽然有最后通碟的味道,但确实达到加速提案成稿的目的,以帮助把提案推出。

不用对范例中的内容深入细读,就会发现这两封电子邮件的差异很明显。发出的每封电子邮件的内容虽不同,但目的都是为了把问题说清楚、把事情办成。因此,就要求发件人在撰写邮件的时候要经过深思熟虑,明确自己的目的,不说无关紧要的话,让邮件内容的每一个字都发挥出作用来。发件人要寻找方法直指要点,利用电子邮件推动事件发展。

对比这两封邮件,我们可以看出,发件人思路清晰、目标明确、注重条理对于有效的沟通是多么的重要。

所以良好的邮件写作习惯和技巧不仅能够改善沟通品质,提高工作效率,而且能够增加企业和个人的竞争力,这一点在如今的商务领域中已经得到了广泛的认同。

如何在发挥电子邮件方便快捷的优点的同时,利用电子邮件创造更多机会,拥有更多竞争优势呢?下面将通过讲解电子邮件的格式,撰写、发送电子邮件的过程中易出现的问题,以及电子邮件的撰写技巧来回答以上问题。

希望通过本章的学习,读者能够更好地利用电子邮件,使之真正成为一个低成本且高效的沟通工具。

12.2 如何撰写一封好的电子邮件

12.2.1 撰写电子邮件前应该考虑的问题

正如我们写文章前要先列出提纲,要想撰写一封好的电子邮件,首先需要考虑如下几个问题:

1. 了解收件人

众所周知沟通是双向的,那么在撰写邮件前,对邮件的收件人有所了解就显得格外重要了。要从哪几个方面来了解收件人呢?

(1)与收件人的关系;

(2)收件人是否希望收到这封邮件;

(3)收件人对这一主题的兴趣;

(4)收件人收到邮件后的反应;

(5)收件人可能提出的质疑等。

以上这些都是了解收件人时应该考虑的问题。考虑好上述问题的答案后,在撰写邮件的时候就能做到更有针对性。举例来说,如果收件人是对你公司的产品进行询问的潜在客户,说明他们对你们的业务有所了解但需要更详细的信息来确定产品是否符合他们的需求。如果收件人是另一行业询问有关项目信息的经理,说明他所感兴趣的是有关项目的主要观点而不是每个细节,并且他可能已具有一些相关但并不那么专业的知识。

关于对收件人的了解,毋庸置疑,在撰写邮件前最先也是最应该重点思考的就是与收件人的关系。因为只有在清楚了解收件人与自己的关系后,才能够在撰写邮件时做到有的放矢,在用恰当且符合身份的语气撰写邮件内容的同时规避不恰当的措辞和表达。下面是一位申请读研究生的同学给导师发的邮件,背景是他给导师发的第一封邮件由于某些原因并没有得到导师的回复。

老师您好：

我开学前的周六给您发了封中文邮件，然后您没有理我，我又把同样内容发了封英文的，等了两个礼拜您还是没有给我回复，我以为您已经找好学生了，所以眼看着现在已经是开学第三周了，我同学都在联系导师，我怕落空所以就几天前联系了别的老师，也跟他谈好了。希望您能理解。

很明显，从邮件第一句中"您没有理我"文字理解，是对老师未及时回复邮件的不满，并且整个邮件内容都围绕此展开。但是，老师没有回复可能是因为没有收到之前的邮件，或者是老师生病等特殊情况，发信人至少应该礼貌询问一下。因此，此封邮件的交流效果比较差，会让收件人觉得没有得到应有的尊重。且邮件没有落款，会让收件人对发件人的身份感到疑惑。对上面的邮件做如下修改：

××老师：

您好。非常感谢您和您的团队考虑我的读研申请。我两周前收到您要我发简历的邮件后马上就给您发了，但一直没有收到您的回复，不知道您是否收到或者是我的背景不符合您的要求。因为我的同学都在联系导师，我怕落空就在几天前联系好了别的老师。我对您的研究方向很感兴趣，希望以后有其他机会在您的团队学习。

×××系×××班×××

修改后的邮件，不仅表达了想要表达的全部内容，还体现了发件人良好的个人素质和修养。给导师留下良好的印象。

再来看下面这封请老师为自己写推荐信的邮件。

××老师您好，这是我参照自己情况写的文档供您参考，另附上我的 CV 和成绩单，请您务必尽快完成。文档背景就请用这个统一的信头。

另附目前需要上传推荐信的学校清单（每个学校都会有相应的邮件）：×××（这个请务必 15 号之前上传）

×××

这封邮件的发件人是一名正在申请国外高校读研的本科生，收件人是一位知名教授。这名学生想请这位教授为他写推荐信。可是,这封邮件读起来却让人丝毫感受不到是在请求老师为自己做一件额外的工作,并且两次用到"务必"这种命令式的词语。这样的邮件发出去很难得到想要的结果。将邮件做如下修改。

××老师:

　　您好。非常感谢您答应给我写推荐信。附上我的简历、成绩单和推荐信草稿,作为我的基本情况的参考,并希望能减少您的工作量。另外,附上我申请学校的清单和相应的申请截止日期,供您安排工作日程参考。

×××系×××班×××

如果想要发出去的邮件得到收件人的重视进而得到自己想要的结果,那么首要任务是理清收件人和自己的关系,以恰当的语气和方式撰写邮件。

2. 邮件要传递的重要信息是什么

顾名思义,拟撰写的邮件是要询问或回答收件人的什么问题? 或是要发送什么文件给收件人? 为什么要发给对方? 邮件要陈述什么观点? 要征询什么意见? 以及要给予收件人什么建议? 又为什么对方可以接受? 或者,邮件的目的是要推销什么产品? 为什么对方愿意购买? 比如:"我提议小组组长们每个月举行一次自备食品工作午餐会。这样每个人能够及时了解项目最新的进展情况。此外,我们也有更多的机会讨论如何解决问题。你的意见如何?"

对如上两点做到心中有数后,在撰写邮件时做到有的放矢也就不难了。

12.2.2　电子邮件的格式

与书信一样,电子邮件也有格式,在撰写电子邮件前,首先要清楚电子邮件的基本格式。

1. 收件人

发送邮件前,应仔细确认收件人的邮箱地址是否正确,以免错发邮件。除了邮件的直接收件人,一般的电子邮箱客户端针对收件人都提供抄送、暗送功能。

(1)抄送,英文名称:Carbon Copy,CC。抄送就是将邮件同时发送给直接收件人以外的人,也就是说除直接收件人外,抄送栏里的人也可以收到这封邮件。一般来说,使用"抄送"功能时,在抄送多个收件人时,收件人电子邮件地址之间使用";"分隔。使用抄送功能时应注意以下几点:

①将抄送人数降至最低,避免造成垃圾邮件。简单来说,抄送的目的主要分为两种,一种是知会,就是让自己的同事或者上司了解工作情况。另一种是寻求帮助,希望抄送的对象对自己的工作给出意见或建议,做一些评论。在使用抄送功能时应注意避免"滥用抄送",即大可不必把每个细节都抄送给自己的同事或上司,这很有可能会给对方造成负担,同时也有可能造成误解。在抄送之前先进行判断,其实也是体现自身执行力和判断力的一种方式。

②抄送只能在一定程度上引起对方的重视。需要注意,抄送的意思就是收到邮件的人可回复(邮件)可不回复(邮件),可阅读可不阅读,也就是说抄送相对于直接发送本身,约束力会小很多。抄送会给对方产生"我"可以答复也可以不答复的第一感觉。如果想通过抄送来引起收件人的重视,发件人心里应该先掂量一下抄送的邮件内容本身是否足够敏感,能否引起收件人的重视。如果想要引起对方的重视,直接发送邮件或者与对方进行面对面的交流,效果会更好。

③在职场中,团队合作时最常遇见的问题可能是:是否把团队成员之间交流的邮件抄送给上司。这个问题其实是需要具体情况具体分析的。如果团队交流的邮件是比较中立的,也就是大家已经达成了一致意见,让上司知道一个最终的结果,这种情况下的抄送没有问题,这是自然又及时的非正式汇报工作方式。但如果两人的邮件是正在针对某个问题进行争论,那么此时是否抄送上司就需要考量了。邮件抄送,其实要考虑对职场中不同角色的影响。关键还是培养自己在职场中对人际关系的敏感度。比如与其他部门同事交流的邮件,是抄送给自己的上司还是对方的上司,就需要在不同环境下判断。不管要抄送给谁,最终目的都是把工作做好。

(2)暗送。英文名称:Blind Carbon Copy,BCC。和抄送的唯一区别就是,虽然"暗送"栏中的收件人都会收到邮件,但他们只能看到自己的邮箱地址,无法看到暗送栏中其他的邮件地址,即收件人无法知道除了他们自己这封邮件还发给了谁。暗送是个非常实用的功能，假如你要给若干人发送同样的邮件内容，却又不希望收件人彼此知道对方的存在或看到对方的邮箱地址，此时邮箱的暗送功能就是最佳选择。鉴于暗送功能的特殊性，发件人可以利用暗送功能来保护收件人。

当然，除了保护收件人邮箱地址，暗送功能还有其他的作用。举例来说，发件人需要别的部门做一件事，那么需要写邮件给这个部门的经理；同时为了得到上级的支持，你必须抄送上级；而这项工作最终执行得如何，又需要下属去跟进，这时候暗送就可以发挥它的作用了。再口头嘱咐一句，下属就能了解事情的前因后果去跟进。

此外，永远别高估团队成员或下属的智慧，所以该做什么，什么时候要做好一定要交代清楚，别指望别人都能够在几件事情之中清楚地知道要先做哪件；还有同一件事情要是分配给两个及以上的下属一起做，一定要分清楚谁做什么，否则很可能"三个和尚没水吃"。

（3）转发，英文名称：Forward，fwd。转发功能也是一个很常用的功能，尤其是作为一个领导，用得最多的就是转发。每天的工作，分轻重缓急，简单的工作可以直接转发给你的下属去处理。转发后在邮件标题或邮件抬头加个批示"×× ，pls. follow.（某某某，请处理）"，简单明了。

有些事情无法立刻作出决定，或者说超出了自己的权限，也需要转发给上级领导，请求上级领导的批示。还有一些邮件转发的目的只是让对方知晓即可。最忌讳的不是什么都不写地原文转发，而是仅仅写个"FYI（for your information，仅供参考）"，尤其是当收件人级别高于自己时，只写"FYI"就转发是很不礼貌且对对方不够尊重的。因为，FYI一般用于平级或者上级对下级。

最后，发件人需要注意，直接收件人栏和抄送栏中的各收件人的排列应遵循一定的规则。比如按部门排列，按职位等级从高到低或从低到高排列都可以。适当的规则能够体现你的专业性并有助于提升你的形象。

2. 主题

邮件必须要有主题，主题是邮件的"身份标识"。

主题应该简单、明确且具描述性，或是与内容相关的主旨大意以概括邮件内容，使收件人只要看到主题就知道邮件的主要内容甚至可以判断邮件的重要性。主题一般不超过35个字。邮件没有主题是非常不明智的，一方面没有主题的邮件可能因此石沉大海，另一方面邮件没有主题也是对收件人的不尊重，在阅读邮件内容之前，收件人需要去猜想邮件的内容，并且以后收件人在大量的邮件中查找这封邮件（如果对用户是有价值的）会十分困难。尤其是当第一次给对方发邮件时没有主题的邮件将很难给人留下良好的第一印象。

过于简单的主题难以表达出邮件内容的核心思想，难以引起收件人的高度关注，同时也很容易造成混淆和误解，如果邮件主题为"你好""资料""新书""在线调查"之类，显然都没有完全发挥出邮件主题应有的价值。如果一封邮件是关于最新数码相机产品的介绍，采用主题为"××公司新款单反数码相机优惠推广"比仅仅用"数码相机"作为邮件主题要好得多。当然，过于复杂的邮件主题也不好，显得很啰嗦，没有重点。

如果要撰写的电子邮件是一长串定期汇报中的一篇，比如每周项目简报，请在标题栏中标注日期。如果你需要收件人答复或立即应对，请加上如"请于11月7日前回复"等字样。

每个人都不想收到垃圾邮件。如果你的标题写得明确清晰，那么此封邮件被阅读的机会也会大大增加，否则很有可能错误地沦落到垃圾邮件箱里。没有主题的邮件就如同没有标题的新闻都是荒唐的，因此一定要注意不要不设邮件主题。没有主题的邮件通常被当作垃圾邮件对待。

来看下面这封邮件。

邮件主题：开会

小李你好，

我想提醒你下星期我们有个会。请告诉我你有没有其他问题！

祝好！张磊

首先，来看这封邮件的主题，显而易见，"开会"是一个糟糕的主题，为什么这么说呢？这是因为这个主题并没有提到任何会议的信息。如果收件人的日程表上排满了会议,那么收件人就需要猜想李磊说的会到底是哪一个。并且这封邮件没有提供任何关于会议的具体信息,比如何时何地开会。没有说明任何时间地点的开会邮件会让别人觉得这是垃圾邮件。所以它很可能会被忽略或者直接删除。从语气来看,这封邮件像是一个友好的提醒,但是邮件内容却没有说出关键信息。如果收件人小李没有听说过任何要开会的事情,或者完全忘记了这件事,他还要再回复邮件来确认信息。

将上面这封邮件做如下修改,就可以看出邮件主题明确且具体的好处了。

主题:提醒8月5日10:00am按期在A会议室举行例会,讨论A项目方案

小李,

你好。我想提醒你,我们8月5日,周一,10:00am的会议按期召开。地点在A会议室,我们会讨论新的项目方案。

如果你有任何问题,请致电3214。

祝好,

张磊

收到这封邮件,小李甚至都无需打开邮件就可以得到大部分信息。而且这样的主题还可以起到提示的作用,只要收件人打开邮箱就可以看到会议时间和地点。

3. 正文

一封好的邮件应该简明扼要、层次清晰、逻辑性强。要点出现在最开始,其他信息都和要点相关且围绕要点展开,这样收件人很容易就能知道邮件的主旨。

(1)引文。引文,顾名思义,引出正文。

①称谓。同信件一样,邮件的开头也要有称谓,称谓的格式是在邮件第一行顶格写。恰当地称呼收件者,拿捏好尺度是关键。如果并不认识对方或是第一次给对方发邮件,记得要先进行自我介绍,说明自己的身份、姓名、单位及职位等。这样既显得礼貌,也明确提醒收件人,此邮件是面向他的,需要其给出必要的回应;在有多个收件人的情况下可以称呼大家(英文邮件就称呼ALL)。如

果对方有职务,应按职务尊称对方,如"×经理""×老师";如果不清楚职务,则应按通常的"×先生""×女士"称呼,但要把性别先搞清楚。

在写英文邮件时,在姓(Family Name)前加头衔(Title,如 Mr. Smith,Mrs. Smith,Dr. Smith),熟人可称名(Given Name,如 John,Edward,Peter),不熟悉的人不宜直接称呼名,对级别高于自己的人也不宜称呼名(但在现代美国,不少人对不熟的人也称名,要看上下文和场合,不一定是不礼貌),称呼全名是不礼貌的,没有加头衔称呼姓更不礼貌(旧时欧洲贵族称仆人姓)。

②用一两个短句来引出要点。

例如:约定的期限快到了,你方何时能够通报项目的进展情况? 很高兴在上周的会议中与您相识,我对您关于明年四月份举办筹款活动的建议非常感兴趣。

如果是回复之前对方提出的问题,可以先将问题陈述或概括一下,然后再进入要点。例如:你方曾询问如果提前一周完工,开销将会增加多少。据我方估计,开销将会……

邮件中的重要信息是什么,在现今高速运转的社会生活中,人们每天都需要不停地应对、处理各种问题。时间的紧迫迫使人们不得不以尽可能高的效率处理手头工作。阅读邮件时,人们常常仅仅阅读几行就决定这封邮件是否值得继续读下去。所以在撰写邮件时务必将要点放在邮件内容的开头,然后才是对有关要点的事实和观点的陈述。

务必牢记,正文应该是对重要信息的支撑、解释和扩展。

(2)正文。正文的内容一定要简洁、易懂,在简明扼要的同时,力求沟通效益。

正文格式的编排规则:

字体:一般选择宋体、黑体等撰写电子公文常用的字体。

字号:可事先设置字号大小,一般选择10～12磅;

正文内容编排原则:要事第一,结论在前,分析在后,使用收件人容易接受的口吻陈述内容,语言清晰简练;将邮件结构化、条理化,使得收件人能很快找到重要的信息。在第一段中表述重点;语句要简短和精炼;涵盖恰当的信息,文字直白，言之有物。

（3）结论。总结邮件中陈述的主要观点，阐明接下来的任务和计划及附件说明。

在撰写正文内容时应注意以下几个问题：

①每封邮件一个议题，电子邮件的一个好处就是不需要支付费用。所以，如果要交代好几项事务，不如针对每个内容写一封邮件。这样，收件人就可以依据自己的时间安排回复邮件。有些内容可能只需要一个简短的回复，这样收件人可以立即回复。而有些议题可能需要更多的时间和考量。分开写邮件容易得到更加清晰的回复，也帮助收件人更好地管理邮件。

②一封邮件交待完整的信息。最好在一封邮件中把相关信息全部说清楚，说准确。不要过两分钟之后再发一封"补充"或者"更正"之类的邮件，这样可能会让收件人反感。

③详细叙述引文中列出的问题。用较短的一段话引出主要观点。

④合理提示重要信息。不要动不动就用大写字母、粗体、斜体、彩色文字、加大字号等方式对一些信息进行提示。合理的提示是必要的，但过多的提示则会让人抓不住重点，影响阅读效率。尤其是在撰写英文邮件时频繁地使用大写"MUST""HAVE TO"等本身就带有强烈感情色彩的词语，会给收件人造成压迫感，是不礼貌的行为。

⑤善于运用标题、项目列表、空白、分隔符。邮件正文多用1、2、3、4之类的列表，使内容更加清晰明确。如果事情复杂，最好1、2、3、4的列几个段落进行清晰明确的说明。保持每个段落简短不冗长，因为没有分段的长篇大论会让收件人失去阅读下去的欲望。

⑥恰当使用专业术语和缩写。如果收件人对邮件所涉及的专业领域比较了解，那么在邮件中使用专业术语和缩写没有问题，这样不仅可以减少邮件篇幅，而且能显示出发件人的专业度。相反，若收件人对邮件中所描述的内容并不那么熟悉，此时面对邮件中的专业术语和缩写就会丈二和尚摸不着头脑，自然也无法给出发件人想要的回复了。因此，在使用专业术语和缩写前要先进行

判断,该用全称的时候就要用全称,不要嫌麻烦。

⑦合理利用图片、表格等形式来辅助阐述。对于很多带有技术介绍或讨论性质的邮件,单纯以文字形式很难描述清楚。如果配合图表加以阐述,收件人一定会表扬你的体贴。

⑧转发邮件切忌盲目。

a.在给别人转发邮件前,首先要确保自己已经认真通读过邮件。清楚知晓邮件的内容及发件人需要得到解决的问题或需要被答复的请求,盲目地转发邮件,只会造成收件人的困扰。下面是一个例子:

杨老师:您好!

我将我校×××合作院校 YYY 大学的来信转发给您,其中该校国际处提到他们要申请一个博士合作项目,是关于运动科学的,具体情况请参照附件。

……

Dear Ms ××,

…

Meanwhile, I have a very urgent cooperation proposal for you to consider. Perhaps you will kindly put it forward to your School of Electronic and Information Engineering as well.

…

Here are my initial project ideas:

Tentative project title: ××× project for joint development of doctoral training in the fields of Sport Sciences, Information Technology and Business (or alternatively a field in social sciences?):

…

Project partners: ××× University (partner for sport science field), YYY University (partner for business field) and – if you are willing-ZZZ University (partner for information technology field).

…

　　这就是上文所述没有认真通读邮件就转发的典型实例,从邮件内容可知,某国外高校希望与国内某大学共同申请一个合作项目,且研究领域为"信息技术"。而该发件人在转发此封邮件时却将对方期望的研究领域误读为"运动科学"。幸而此发件人在转发邮件时包括了历史邮件信息,收件人通过通读历史邮件能够得知真正的研究领域,否则,可能因此丧失一次良好的合作机会。由此可以看出,转发邮件前的仔细通读是多么重要。

　　b.转发邮件要突出重要信息。在转发邮件之前,首先确保所有收件人需要此消息。除此之外,转发敏感或者机密邮件要小心谨慎,不要把内部邮件转发给外部人员或者未经授权的接收人。如果有需要,还应对转发邮件的内容进行修改和整理,以突出信息。不要将已经回复了几十层的邮件发给别人,会让人摸不着头脑。更不要发送垃圾邮件或者附加特殊链接。

　　⑨注意用词。在撰写邮件时要多斟酌用词,俗话说"失之毫厘,谬以千里",一字之差,可能要表达的意思就截然不同。

　　⑩简明扼要。撰写邮件不是写作文,用尽可能简短的语句把事情说清楚即可,切忌长篇大论,如今越来越高效的工作氛围使得人们愿意花费在阅读一封邮件上的时间越来越少,因此,没有人会愿意仔细通读你的"大作"。有个大作家雨果的故事(有可能是杜撰的),戏谑描写了简洁。当《悲惨世界》出版时,雨果给出版商发了一封电报询问结果,只有一个字符"?",而他收到的回应也只有一个字符"!"。显然,销量相当可观。这里的经验就是两个彼此非常了解的人,能够比其他互相不了解的人沟通起来更加有效,这也是和同事发展人际关系的另一个重要原因。

　　下面通过几个例子进一步阐述邮件撰写的注意事项:

　　例 12.1:

　　主题:进展报告修改

小张你好,

　　谢谢你上周发来的报告。我昨天仔细阅读了报告,我觉得你需要在第二章的相关数据中添加更多具体信息。报告的文笔也应该更加正式,因为执行官会阅读你的报告,报告必须显示我们的职业素养和专业素质。

还有,我想告诉你,我周五与公关部有一个会议,讨论新的广告活动。11点开始,我会在小会议室召开会议。

请告知你是否能按时参加。

谢谢!

李磊

李磊的主题写得非常清楚,而且他也清晰地表达了希望小张改进的地方。但是哪里做的欠妥呢?

其实第二段关于会议的信息相当重要,但是他却把它加在一个要求修改报告的邮件里。如果小张不立即将会议安排记录在日程表里,他就必须要记得在一封题名为"进展报告修改"的邮件里有会议信息,这不符合逻辑。把这两件事放在一封邮件里,结果可能都被忘记。可将上面邮件做如下修改。

主题:进展报告修改

小张你好,

谢谢你上周发来的报告。我昨天仔细阅读了报告,我觉得你需要在第二章的相关数据中添加更多具体信息。报告的文笔应该更加正式,因为执行官会阅读你的报告,报告必须显示我们的职业素养和专业素质。

谢谢你的努力

李磊

主题:周四10/5,11:00am软件开发部门会议

还有,我想告诉你,我周四与软件开发部门有一个会议,讨论新的项目进展。11点开始,我会在小会议室召开会议。请告知你是否能准时参加。

谢谢!

李磊

把一封邮件分为两封发送,收件人小张可以更加快速地找到他要处理的邮件。同时,小张也可以更好地管理邮件,只要他修改好了报告,他就可以删除这

封邮件,仅保留提醒本周末开会的那封邮件。

若发邮件的目的是想要得到收件人明确的回复,那么发件人就要在邮件中明确你想要的回复。确保一定要在邮件中告知你想要的答复形式,比如电话,或者会面。然后,附上你的联系方式,包括姓名、职务和电话号码。就算是公司内部邮件也要附上相关信息。如果给收件人提供了方便的联系方式,他们回复的可能性就更大。

例 12.2:

主题:方案

张强,

你好。

你收到我上周发出的方案了么?我没有收到你的回复。你能打电话来,我们讨论一下吗?谢谢!

李磊

这封邮件漏掉了许多重要信息。首先邮件里没有提到方案的具体内容。如果张强收到了好几个方案呢?或者李磊使用普通邮寄,而不是电子邮件呢?此外,李磊并没有告诉张强如何跟他联系。他的办公室电话号码、手机号码等联系信息都必须由张强自己查找。并且,李磊并没有在邮件署名时给出自己的公司名称和职位。

主题:确认是否收到 A 实验平台建设方案

张强,

你好。

我想问你上周收到我们关于景观建设的企划书了么?我附在邮件附件里。我没有收到你的回复。

你能在周四前给我电话,我们可以讨论一下么?最好打我的移动电话。

谢谢!

李磊

×××科技有限公司

029－0805××××(办公电话)

189×××1166(移动电话)

李磊在邮件中提供了所有张强必须知道的信息。张强知道李磊上周用电子邮件方式发出了建设方案,并且希望他在周四前电话回复。更重要的是李磊附上了他的职务及联系方式,这样张强就知道他要打交道的人是谁,如何联系对方。

4.落款

邮件一定要有发件人的落款,不能让收件人根据邮件地址猜发件人。正式公文的落款应该包括:部门(职务/职称)、公司/企事业单位、地址、电话、传真、电子邮件等。书写时应将内容归类,一般不超过5行,固定电话号码、手机号码等较长的数字间应加空格。落款的文字格式应选择与正文文字格式匹配,简体中文或者英文,字体应比正文字体稍小一些。

例 12.3　中文落款:

张三

资讯管理部(IT－MIS)

××××有限公司

中国陕西省西安市××路××号　710000

电话:＋86－029－85×××55－××××

传真:＋86－029－85×××47

例 12.4　英文落款:

Dr. ××× Associate Professor

School of Computer Science and Technology

Faculty of Electronic and Information Engineering

Xi'an Jiaotong University

Xi'an, 710049, P. R. China

Tel:＋86－029－8266××××

E-Mail:×××@xjtu.edu.cn

关于落款应该注意,专业的公司及企事业单位都会要求统一的落款(签名)档,包括你的名字、职位、电话、传真、邮箱,可能还有公司的 Logo 或者网址。如果电话发生了变更,只需要修改落款档就可以了,经常联系的人可以单独发邮件甚至短信通知,而绝对没必要群发邮件通知。

5. 附件

附件不能太大,数目不宜太多。如无特殊情况,附件的大小尽可能控制在 5 MB 以内,大于 5 MB 的附件,就要考虑用其他方式发送了。

附件最好以压缩包的形式发送,因为某些邮箱收发程序、防火墙、病毒监控软件甚至邮件服务器会拒收有可能包含破坏性代码的 exe,doc,jpg,js,scr 等格式的附件。

所发送的附件根据重要等级选择是否需要加密,包含重要或敏感信息的邮件一定要加密,密码必须在 6 位以上,密码必须是大小写字母、数字、特殊字符组合。安全起见密码不可以写在邮件中,可以通过其他方式(如电话)通知收件人。

在正文最后要提示收件人查看附件,并对附件内容做简要说明,特别是有多个附件时。附件名称应该能清楚表示附件中文件的内容。对特殊格式文件应在正文中说明打开方式。

12.2.3 发送和回复电子邮件时的注意事项

1. 发送前的注意事项

(1)电子邮件发送前应仔细检查收件人、抄送人、暗送人、主题、所添加的附件等是否正确无误。

(2)正文内容是否清晰合理,标点符号是否遗漏等。

(3)如果客户端有多个电子邮箱,还要确认所使用的邮件服务器是否正确,不要混淆了内部邮箱和外部邮箱。

(4)关于已读回执。要求收件人给已读回执通常出于两个目的,一是邮件的重要程度较高,需要知道收件人是否阅读过;二是个人目的,想确认收件人究竟打开过邮件没有。

较为常用的几个邮件系统,如 Outlook,Lotus,对此功能的设置并不一样,有的邮件系统收件人一旦打开便会自动发送已读回执，且没有任何记录可查（在已发送邮件里面是不会出现的），但有的邮件系统是在询问后根据收件人的选择发送，已发邮件有迹可查。如果是自动发送，那么发件人可以实现上述的目的一及二；如果是后者，那么恐怕发件人什么目的都无法实现，因为收件人完全可以读过以后选择不发送已读回执。

即使是自动发送已读回执的邮件系统，如果收件人刻意避免，还是可以操作的，在预览（Preview）状态下看完邮件，根本就不需要打开，只要不双击打开，就不会自动发送已读回执。

（5）关于优先级。经常不分情况的使用优先级是很令人反感的，加了红色感叹号的邮件总归会引起阅读者的重视，但是发这样的邮件一定要看是否必要。总是发高优先级的邮件，倘若真正失火了要救，发这种邮件就无济于事了。何谓重要，需要发件人很好地做出判断。

（6）关于群发。企业邮件系统的好处就是每个员工（Staff）都赫然在录，不需要像私人的通讯录（Address Book）要自己维护，所以群发起来特别顺手。可是，不是任何事情都需要群发，你可能觉得收件人可以自己选择是否删除，而实际上邮件数量多的人收到这种不相关的邮件是很恼火的，并不是每个人都有秘书帮忙删除这些无关的信息。

（7）关于自动回复。不是指收到每封邮件的自动回复，而是特指不在办公室（Out of The Office）的自动回复，这是邮件系统的一个好功能。每封邮件都设置自动回复是很不明智的行为，但是一旦出差或休假了，谁负责你的工作，你几时回来，紧急情况如何联络你，这些信息放在自动回复里是很方便的。真正需要找你的人一旦发了邮件给你就能知道你不在办公室，无法及时回复邮件，而不需要你事先群发每个人你的休假/出差安排。

2.回复邮件时的注意事项

忽视或直接删除他人给自己的电子邮件而不回复，是不礼貌的行为，因为发件人通常会焦虑地等待回信，甚或怀疑邮件是否送达。经常检查邮箱并且回复邮件，这虽然是个礼节性问题，但是也会让他人更加迅速地回复你的邮件。

回复邮件时应该注意以下几点。

（1）正确对待发错的邮件。如果收件人能从邮件内容看出正确的收件人，应迅速转送出去。若无法辨认，也应即刻回复发件人并简单解释邮件传送的错误。直接回复对方发来的邮件时，称呼和署名也是必要的。

（2）做一个好的回复者，及时回复邮件。收到他人的重要电子邮件后，即刻回复对方，这是对他人的尊重，理想的回复时间是 2 小时内，特别是针对一些紧急重要的邮件。然而，对每一封邮件都立即处理是很占用时间的，对于一些优先级低的邮件可集中在特定时间处理，但一般不要超过 24 小时。如果事情复杂，你无法及时给出确切回复，那至少应该及时地回复说"收到了，我们正在处理，一旦有结果就会及时回复"，云云。不要让对方苦苦等待，记住：及时作出响应，哪怕只是确认一下收到了。如果在出差或休假，应该设定自动回复功能，提示发件人，以免影响工作。

（3）回复邮件时要注意包含历史邮件。尤其是在邮件往来数次后，将历史邮件信息包括进去或者适当对前面邮件内容进行总结是很有必要的。否则，当新的收件人加入时会由于并不清楚事情的来龙去脉而感到困惑。

（4）有针对性地回复。当回复邮件答复发件人提出的问题时，最好把相关的问题抄到回复中，然后附上答案。不要用过于简单的文字如"对""是""可以""好的"等进行回复，那样太生硬了，应该进行必要的阐述，让对方充分理解，避免反复交流，浪费时间和资源。

（5）回复不要过短。发件人给你发来包含一大段内容的邮件，而收到的回复却只有寥寥"是的""对""谢谢""已知道"等几字，这是不礼貌的，回复应该显示对对方工作的尊重。

（6）不要就同一问题多次回复讨论，不要盖高楼。如果收发双方就同一问题的交流回复超过 3 次，这只能说明交流不畅，依赖邮件讨论不清楚。此时应采用电话沟通等其他方式进行交流。电子邮件有时并不是最好的交流方式。对于较为复杂的问题，多个收件人频繁回复、发表看法，把邮件越回复越长，这将导致邮件过于冗长而不可阅读。此时应及时对之前讨论的结果进行小结，删减瘦身,突出有用信息。

(7)要区分单独回复(Reply)和回复全体(Reply to All)。如果只需要单独一个人知道的事,单独回复给他一个人就行了。如果你对发件人提出的要求作出结论响应,则应该 Reply to All,让大家都知道;不要让对方帮你完成这件事情。如果你对发件人提出的问题不清楚,或有不同的意见,应该与发件人单独沟通、单独讨论。你们讨论好了再告诉大家结果。尤其是不要向上级频繁发送没有确定结果的邮件。点击"回复全部"前,要三思而行。

(8)主动控制邮件的来往。为避免无谓的回复,浪费资源,可在文中指定部分收件人给出回复,或在文末添上以下语句:"全部办妥""无需行动""仅供参考,无需回复"。可以通过使用尖括号在主题中写"<某某某请回复,×××please reply>"的方式来指定部分收件人回复邮件。

小结

电子邮件是互联网历史最悠久、最基本及最重要的服务之一。随着市场经济的快速发展及国际化进程的大幅加快,电子邮件的重要性愈发凸显。因此,掌握电子邮件的撰写技巧、注意事项及礼仪规范对提高沟通效益至关重要。本章讨论了电子邮件的使用者需要了解和掌握的知识、惯例和技能。良好的邮件写作习惯和技巧能够节省他人时间,只把有价值的信息提供给需要的人,才能改善表达与交流的质量,提高工作效率,从而增加机构和个人的竞争力。

参考文献

[1] 河南电台.电子邮件走过 45 年发展历程,如今使用情况如何?[EB/OL].(2016-11-08)[2020-02-11]. https://www.sohu.com/a/118438695_117344.

[2] LUMINUS. 商务电子邮件写作[EB/OL].(2010-12-13)[2020-02-11]. https://wenku.baidu.com/view/5a4de6db50e2524de5187e51.html.

第 13 章

求 职 信

　　求职信是求职者(或求学者,后文不予特别注释)向用人单位(或申请单位,后文不予特别注释)介绍自己情况以便应聘(或申请)的专用性文书。求职信与普通信函不同,也不同于公文书函,所呈送的对象并不明确,有可能是一般的人力资源专员,也有可能是人事经理等高级领导,由他们通过求职信(及相关材料)对众多求职者进行初步了解,筛选后通知面试(或者面谈)候选人。可见,求职信就是求职者通过文字语言向用人单位推介自己的重要工具,其质量高低将直接关系到求职者能否进入下一轮的求职角逐[1]。

　　求职信按照不同的标准可以分为不同的类型。按照成文角度,可分为自述求职信和他荐求职信;按照内容行业,可分为技术型求职信、生产型求职信、管理型求职信、销售型求职信、医疗型求职信和演艺型求职信等;按照求职目标,可分为应聘求职信和自荐求职信。应聘求职信(Solicited Cover Letter)通常针对明确的求职岗位撰写,当求职者不清楚用人单位是否有相关的职位空缺时一般采用自荐求职信(Unsolicited Cover Letter),但仍需指出求职人感兴趣的领域和方向。

　　求职信是求职者与用人单位之间首次沟通的桥梁,是求职者展示自我能力、资质、实绩、专长的第一机会。求职者可以实事求是地突出自我优势,说明自己的资历和能力能为用人单位带来的好处,将自己与其他申请者很好地区分开来,使自己的求职信在众多候选者中更能吸引用人单位的注意力。求职信被视为求职者对用人单位的表白,目的是帮助求职者顺利进入面试等下一轮求职环节。因此,求职信既要简明扼要,又要突出自我,还要拉近求职者与用人单位之间的距离,从而给求职者争取一个展示更多信息的机会(例如面试)。

13.1 求职信的书写准备

13.1.1 求职目标

撰写求职信之前，首先要确定好求职目标。明确求职信是发给哪个单位？具体的申请职位是什么？求职者可以通过网站、文献、年报、宣传册等途径，深入调研和了解用人单位的使命、产品、服务及未来规划等信息，帮助自己遴选应聘单位和职位[2]。在此基础上，还可以进一步换位思考，将自己设想成用人单位的招聘人员，根据岗位要求，结合自身优势，量身定制求职信的写作重点。

确定求职信的目标，就是要以用人单位为中心来组织和撰写求职信。例如："I have received awards because I have a responsible attitude toward work."[3]虽然也列出了奖励和原因，但显然是以求职者自己为中心进行表述，效果远不如："You can count on me to be on the job every day as evidenced by the Perfect Attendance and Employee of the Month awards I received at O-Hi Corporation."[3]后者以用人单位为中心，更清楚地表明了求职人能够为用人单位做什么，而且回答了为什么能够在所应聘的岗位上做得更好，很巧妙、有力地突出了自己的优势，有利于将求职人与其他候选者清楚地区分开来。

确定求职目标，不要使用一封求职信群发很多用人单位和应聘职位。不同用人单位和招聘岗位存在行业、职业、产品和文化等诸多差异，在招聘时都有其特殊要求和考察重点，因此，一封求职信不可能适用于所有应聘单位和职位，要谨防将同一封求职信发送给不同的用人单位和应聘职位。当然，在求职过程中可以准备一个基础版的求职信，当具体应聘某一个特定单位或职位时，首先确保所申请的单位名称、岗位职位、背景资料和日期时间等信息准确无误，然后根据具体的行业和职位要求，有的放矢地进行修改完善，突出求职人与之匹配的资质和能力。

13.1.2 关键信息

在撰写求职信之前，对用人单位的需求和求职者的个人信息进行综合筛选、科学组织是非常重要的。当求职人针对明确的职位空缺进行申请时，应当撰写应聘求职信；当不确定用人单位是否有相应的职位空缺时，应该撰写自荐求职信。申请人要根据求职信种类、用人单位需求和应聘岗位特点，遴选、定制和组织个人信息，目标准确地准备求职信。

求职信要有内涵。一封求职信用来回答求职人如何能够胜任一份特定的工作，是求职者独特的履历精华和个人优势，不能缺乏内涵甚至千篇一律，更不能从网络上照抄照搬。根据具体的单位和职位，将自己的教育背景、工作经历、社会实践和荣誉表彰等诸多信息进行筛选，确定闪光点与核心竞争力是什么。例如，是教育背景还是工作经历，亦或是个性理想？全面搜索是否还有其他资质或能力能够帮助自己吸引用人单位的注意力。按照能够体现个人能力大小的顺序，排列相关资历，清晰呈现求职人最耀眼、最重要的亮点。

按照科学的逻辑架构，有条理地组织材料信息，促使收信人做出对求职人有利的响应。结合应聘职位，关注重点履历的关键工作，从而彰显个人成就。不能简单枯燥地罗列过往经历清单，也不能把之前的工作守则当作履历描述。可以借鉴常见的"好感（Attention）、兴趣（Interest）、渴望（Desire）、行动（Action）"AIDA说服策略，通过提供有价值的精准信息，吸引收件人的注意力，激发他们的阅览兴趣，促使收件人最终做出积极的、对求职人有利的响应和行动。为此，求职信的开篇就应巧妙地展示求职人将为用人单位带来的好处，让收信人主动渴望进一步了解求职者的更多信息。通常可以在开篇高度概括、恰如其分地列出求职人最重要的、最引人注目的资历或成就。在后续正文中予以展开，侧重介绍重点履历工作当时面临的问题和挑战，个人如何克服困难和取得了怎样的结果，单位和组织从中获得了怎样的收益，有力地证明个人业绩、能力和价值。可以结合所应聘单位的具体需求，有技巧地解答用人单位可能关心的重要问题，促使对方做出满意的反馈。最后，可以在求职信的结尾自然地提出行动呼吁，请求用人单位给予响应，提供面试等下一轮选拔机会。

13.1.3　重点内容

求职信的内容要重点聚焦求职人的重要经历、突出能力和显著成就，字斟句酌地向应聘单位进行个人"推销"。无论是教育背景、工作履历还是社会实践，一定要给收信人留下深刻印象，促使收信人有兴趣阅读求职人的个人简历等其他材料，最终给予积极响应。因此，不能试图将身高、体重、爱好、特长等所有信息都进行大杂烩式的罗列，除非所申请的目标职位有明确要求。譬如，求职者应聘的是一份导游工作，可以适当突出自己的旅行爱好与特长。

针对目标职位，站在用人单位的角度、采用招聘者的逻辑，将重点内容信息进行梳理和组织。在写作表达过程中，不能仅仅只描述求职人的技能、水平，而不涉及具体工作或事件；不能一味强调无关成绩和主观意愿，而不顾及职位要求和经验能力。否则，会显得自卖自夸、假大空泛、言之无物。在阐述职位兴趣的时候，最好能够反映求职者对用人单位及其产品、服务的了解。在阐述个人能力的时候，应该着重强调个人能力如何满足职位需要，促使用人单位对求职人产生兴趣，进而建立他们将求职人作为职位候选人的愿望。

求职信的写作要重点突出、篇幅适中，内容不宜过短或过长。求职信过于简单会显得求职人不够重视和认真，过于冗长则容易使收信人丧失阅读兴趣。求职信作为一种特殊信函，旨在以清晰的逻辑架构，高度概括地说明求职人对用人单位和具体职位的应聘兴趣及相应的资质能力。因此，求职信要突出关键重点内容，正文篇幅一般为 3～4 段。

13.2 求职信的书写格式

13.2.1 标题

求职信的标题通常是在第一行中间写"求职信"三个字，即只写文种名称。

13.2.2 称谓

称谓是对收信人的称呼，一般顶格写收信人单位名称或者个人姓名。如果可能，尽量将称谓写到确定的负责人，在其姓氏后加上职务、职称或者"女士""先生"等敬称。例如："尊敬的杨经理""尊敬的孙女士"。如果无法知晓具体的收件人姓名，可在单位名称后加"人力资源部""人事处""领导"等称呼，以示收信对象。例如："尊敬的××公司领导"。由于求职者与求职信的收信者通常都未曾谋面，所以称谓必须合适、恰当又郑重。通常，在称谓之后采用冒号，并另起一行,写上问候语。例如:"您好!"等。

13.2.3　正文

称谓之后是正文部分,一般包括自我介绍、求职意向、能力匹配、个人优势、期望与期待等内容。

首先,在正文开篇非常简要地介绍求职人的自身情况如姓名、年龄、性别、学历、学校、专业、毕业时间等基本信息,然后直截了当地说明写信目的、求职意向及应聘理由,是为引言。例如:"六年的管理经验,最新的专业培训,以及在高新技术工作环境中的坚持,促使我满怀信心地应聘贵公司于 9 月 15 日在公司官网发布的办公室主任一职。"引言作为正文的开端,主要是为了引起收信人的阅读兴趣,并自然过渡到正文主体。因此,引言的写作不但要简明扼要、态度明朗,而且要引人注目。在写作时,可以利用一到两个最好的经历,紧紧抓住收信人的注意力。当然,也要防止过犹不及。很多大学生面临人生第一次求职应聘,总喜欢在网络上摘抄一些看似华丽、实则糟糕透顶的开场引言。例如:"觅求一份富有挑战性的工作。"这样千篇一律、言之无物的刻意表述,不仅使阅览者兴趣寡然,而且缺乏明确、清晰的求职目标。一般在求职信引言开篇就要表明所申请的具体职位,以及获知此职位的信息来源,方便收信人进行综合评估。如果是自荐求职信,不确定用人单位是否具有相应的职位空缺时,应该表明求职人感兴趣的工作领域。

接着,在正文中简要、重点、有针对性地介绍求职人对应聘岗位的基本认识和自身的应聘条件、综合能力及突出优势。选择与职位最相关的资历,通过细节叙述展示求职人的业绩和能力,阐述求职人能够为用人单位做什么,不断增强收信人对求职者的兴趣和了解渴望,促使他们给予积极响应。通常,详细叙述大多围绕教育背景和工作履历展开。如果求职人具有实际工作经验,可以重点阐述与应聘职位相关的工作成绩;如果求职人是应届毕业生,没有工作经验,可以详细阐述能使自己成为有力候选人的教育背景。在学校、专业或社团活动中培养、积累的重要技能,也能够体现求职人相应的资质能力,还可以展示求职人愿意承担主要工作以外责任的愿望。此外,也可以列出求职人与应聘职位相匹配的其他资历与条件。这一部分是求职信的关键内容,必须实事求是地强化自身特点,突出求职人与应聘职位有关的能力和实力,切勿夸大其词或不着边际。写作态度要谦虚诚恳,语言要客观中肯,行文要具有说服力。不能简单重复简历内容,要有逻辑、有层次地呈现和强调求职者的实力与"闪光点",不卑不亢地回答"我为什么可以更好地为贵单位做好该份工作"这一核心问题,使阅信人相信求职者正是用人单位想要招募的人才,完全有能力胜任所应聘的职位。例如:"我的英语非常流利。"就是以自我为中心的营销表达,显得平淡苍白;而"旅客们能够亲身感受到我已经为他们的全球旅行做好了全面细致的服务准备。以英语为母语的旅客更会非常自然舒适地理解我为他们准确翻译的地理方位、讲解说明和资讯信息。"则是以用人单位为中心的描述,令人身临其境。

正文最后,注明求职者的联系方式并委婉地提出期盼、希望和请求。求职信的最后一段绝不仅仅是结束语,而是对用人单位下一步行动的呼吁。可以热情、诚恳、有礼貌而自信地表达自己想得到这份工作的迫切心情,恳请用人单位给予答复,争取面试机会。例如:"盼望您的答复","期待您能为我安排一个与您见面的机会",等。当然,也可以有技巧地说明,如果几日内等不到回复,求职人将会跟用人单位电话联系,以确认对方是否收到自己的求职信和简历。准确清楚地留下自己的联系方式,包括固定电话、手机和电子邮箱。如果能够知道何时方便联系到你,并且比较容易联系上的话,招聘人员会非常高兴和你联系,给予反馈。例如:"I will be a productive member of your reimbursement team as a Certification Specialist II. Please contact me at 555 - 0166 between 5 p.m. and 7 p.m. (after work and before night school) to schedule an interview."[3] 需要注意,最后一段是求职信正文的收尾,要简单明了、适可而止,千万不能留下给用人单位设定规定的印象。

13.2.4　结尾

求职信的结尾主要表达祝愿和敬意。例如:"此致"(再换行顶格写"敬礼")、"祝工作顺利"、"祝事业发达"等简洁热诚的祝颂。作为书信的必要格式,求职信的结尾不宜拖沓,以免画蛇添足。

13.2.5　落款

落款为求职人的署名和写信日期。署名位于结尾祝颂下一行的右后方,日期位于求职人姓名下方,另起一行,注明×年×月×日。落款署名也可以使用个人签名,但要保持整洁、易读。

13.2.6　附件

附件是足以证明求职者才华和能力的凭证,也是求职信不可忽视的组成部分。附件无需过多,一般选取有份量的代表性证明材料。如有附件,建议在求职信左下角注明附件顺序及内容。例如:"附件1:个人简历";"附件2:成绩单";"附件3:全国大学生创新创业大赛金奖证书"。

13.2.7　封文

通常需要邮寄(或快递)的纸质求职信才使用封文。在信封上清楚、准确地写明收信人的邮编、地址、姓名、电话及发信人的邮编、地址、姓名、电话等基本信息,以确保信件可以快速、准确地寄达。一般在收件人的姓名后加上"经理""部长"等职衔或"女士""先生"等尊称,也可根据需要再加上"敬启"等合适的启封辞。

在现今网络时代,已经很少有求职信需要通过邮寄送达,绝大多数求职信都是通过电子邮箱或网络系统进行投递。此时,需要特别注意编辑电子邮件的主题信息,可在邮件题目中清楚地标明求职人的姓名、学校、学历、应聘职位等必要的基本信息,或者按照用人单位的要求,采用统一的电邮主题格式撰写和发送电子求职信。

13.3　书写求职信的注意事项

首先,求职信的称谓要准确。求职信是求职人与用人单位之间的首次交流,因此,称谓要严肃谨慎、谦逊有礼,不要过分套近乎,以免有阿谀、唐突之嫌。当然,更不能出现称谓错误。例如:将"女士"写成"先生",或者将发给乙公司的求职信称为甲公司。称谓之后的问候语要真诚、简洁、自然,如"您好!"即可。

第二,求职信的书写要谦虚而自信。求职信是求职者向用人单位推介自己的能力和优势的工具,因此,行文宜自信而不自负,谦虚而不谦卑,做到有理有据、恰如其分。例如:"您能不能大发慈悲地告知我"等不当表述,只会贻笑大方。

第三,求职信的写作要言简意赅、一针见血。求职信需要有的放矢地展示求职者的突出优势,在语言表达上无需刻意追求所谓的深雅晦涩或华丽个性。建议利用客观事实说话,通过实例和数字佐证说明,做到内容完整、重点突出、语句简明、语气自然、表述清楚、通俗易懂。要避免空洞无味的套话,切忌面面俱到、用词僵硬、生僻笼统。尽量减少带有主观色彩的自我评价及猜测词语,如"我觉得""我看"等。以事实为依据,客观、公正地介绍求职者的个人履历与成绩。

第四,求职信的格式要简洁明晰、符合要求。求职信的外在美体现在篇幅长短适宜、内容行距分明、叙述简明清楚,而不是在格式和形式上标新立异、花里胡哨。此外,也要遵从用人单位的具体要求。例如,有的用人单位要求写出期望的薪资待遇,有的单位要求按照特定的文件格式(PDF、Word 等)附上个人简历,等等。

最后,求职信在发送之前,一定要反复检查和校对。一方面,要从框架结构上对写作内容进行综合梳理,看看是否有累赘、欠缺、不当和不足之处,进而有针对性地修改;另一方面,要从细节上进行系统全面检查,消除错别字、段落格式不统一和附件资料不齐全等低级失误,不断润色和完善文字表达。在必要的情况下,也可以请他人代为检查和指正,进一步提升求职信的写作质量。

小结

求职信是求职者首次向用人单位展示自我素养、能力、资质、实绩和专长的桥梁。求职人要根据应聘单位和应聘职位的不同,以用人单位为中心,目标明确、实事求是地梳理个人履历、组织重点内容和定制关键细节,突出"求职者能够为用人单位做什么"的优势。要按照逻辑架构有条理地表述,使用恰当的事实、实例和数字予以佐证，力求简明扼要、层次清晰和重点突出。通过谦虚而自信的自我展示，拉近求职者与用人单位的距离，激发收信人想进一步了解求职者的渴望，促使收信人给求职者提供进入下一轮选拔和展示更多信息的机会。

参考文献

[1] FETHERSTONHAUGH B. The long view: career strategies to start strong, reach high, and go far[M]. [s. l.]: Diversion Publishing Co. , 2016.

[2] 刘平青，陆云泉. 职业生涯与人生规划[M]. 北京：北京大学出版社，2014.

[3] BRANTLEY C P, MILLER M G. Effective communication for colleges[M]. 11th ed. Mason, Ohio: Thomson South-Western, 2008.

第 14 章

个人简历

个人简历是求职者(或求学者,后文不予特别注释)给用人单位(或申请单位,后文不予特别注释)提供的个人情况介绍,分完整简历(Curriculum Vitae,CV)和简短简历(Resume,一般不超过 2 页)。个人简历的内容主要包括求职人的姓名、性别、年龄、学历、专业、联系方式等个人基本信息,以及求职愿望、主要资历、教育背景、工作经历、重要技能、荣誉奖励、业余爱好、个性理想等求职信息,以简洁清爽、重点突出的风格为佳。

个人简历是求职者必不可少的求职工具之一,对于获取下一轮选拔机会(例如面试)至关重要。个人简历是求职者学习、工作、生活的简短集锦,也是求职者自我评价和自我认定的主要材料[1]。用人单位通过个人简历对求职人达到初步了解,以便决定是否需要与求职人做进一步的接触和考察,从而筛选出最符合期望的下一轮考核候选人。

故此,求职者在投递简历之前,一定要仔细准备、认真撰写、精心制作和反复检查个人简历。在自身实力卓著的基础上,简洁、清晰、精致、优秀的个人简历对求职求学更是如虎添翼。如何在简历中精准高效地体现个人才华,让自己的简历在成百上千份候选者中脱颖而出,也是即将走出校园、开启职业生涯的大学生需要思考和研究的课题之一。

14.1　个人简历的类型

个人简历可分为时序型、功能型、专业型、创意型和综合型等种类,每种类型的简历均有其各自特点及适用人群。

1. 时序型简历

时序型简历按照时间顺序排列求职者的教育经历和工作经历,可以从最近的经历倒序回溯,也可以从最早的经历顺序渐进,在时间上保持连贯性。在每一项经历下,简要说明相关情况。例如,教育经历的学校、专业、成绩及必要课程等,工作经历的职责、职位及最关键的突出成就等。时序型简历强调个人经历,关注时间、成长、进步与成就等内容,便于求职者演示持续、递进的成长和发展过程。因此,适合与应聘职位有相关工作(或实习)经验的求职人员使用。

2. 功能型简历

功能型简历按照工作职能或者工作性质来概括工作经历,一般没有时间上的连贯性。功能型简历旨在突出求职者的个人资质、技能、能力、特长、成就、优势及适应程度,而非强调教育和工作经历。因此,功能型简历并不依据时间顺序介绍相关经历,也不要求把这些内容与某个特定的雇主联系在一起。该类简历关注的焦点在于求职者个人所做的事情,而不在于这些事情是什么时候在什么地方做的。通常,职务、时间、经历不作为这类简历的重点内容,以便于强化呈现求职者的个人资质与优势。

功能型简历在写作时可以剔除繁琐、重复且与目标岗位不符的信息,突出求职者的个人优势和技术经验,有利于用人单位一目了然地了解求职者的重要技能与核心能力。例如,求职人曾经在两个不同的工作单位担任相同的职务或者负责相同的业务,便可将两段工作经历归纳在一个条目中。针对将要应聘的工作职位要求,有效整合两段工作经历的技术经验,总结相关的个人资质,集中突出有关工作成就,列出最重要的案例取代对每一份工作的陈述,筛除多余的、重复的、与应聘职位无关的内容,从而简洁、清楚、易读地凸显求职者的核心竞争力。

相对而言,功能型简历一般适合特定的人群使用。功能型简历并非人人都能使用,通常适合工作经历复杂且工作经验丰富的行业资深人员等中高端人才,以及具有明显记录空白或者存在某些技能缺陷的的求职人员使用。反过来,招聘人员在阅览这类简历时也会格外留意,仔细分辨求职者使用功能型简历的原因和动机。因此,对于工作经历较少或者工作内容明确的求职者来说,一定要谨慎使用功能型简历,建议大多数情况下仍然使用时序型简历。

3.专业型简历

专业型简历强调求职者的专业技能和技术素养,通常适用于申请对技术水平与专业能力要求比较高的职业和职位。例如,对于医生这种职业来说,只需在个人简历中列出所就读的医科大学、专业、学历、住院实习情况、曾就职医院(部门)、专业技术资格及所发表的著作、所申请的专利等情况,就足以证明求职人的资信价值。因此,用人单位通过这种专业型简历,就能够决定是否向求职者提供下一轮选拔机会进行深入沟通。

4.创意型简历

创意型简历强调与众不同和个性发挥,以表现求职人的创造力与想象力。传统简历专注于理性、清晰和简明的表现形式,而创意型简历侧重于创意、想象和活力的表达。这类简历多用于广告策划、美术设计和文案制作等特殊职位的申请。需要注意,个人简历中使用照片和图片时,一定要选择恰当的图像,并保证它们的清晰度和分辨率。

5.综合型简历

综合型简历结合了功能型简历和时序型简历的功用,首先简要介绍求职者的资质能力,随即列出个人经历。这种类型的简历在列举推销求职者的个人能力、重要成就与突出优势之后,通过完整的个人经历、典型的事件案例和准确的内容信息对其予以支持证明。

综合型简历既强化了时序型简历的功能,又避免了功能型简历给招聘单位带来的疑虑。当功能部分信息充实、引人入胜而经历部分又完整准确、佐证有力时,这种类型的个人简历更受招聘单位的欣赏和青睐。

14.2　个人简历的内容

个人简历的内容要努力与用人单位及其招聘职位的要求相匹配,充分传递和展示求职者所具有的关键技能、特殊优势和解决相关问题及适应变化的能力。求职者通过个人简历回答以下几个核心问题:"我是谁""我想要什么样的工作""我为何能够胜任这份工作",以及"我与其他求职人的区别在哪里"。因此，求职者在准备个人简历的内容时，要与用人单位及招聘职位进行需求匹配，有针对性地搜集整理个人相关信息，进而按照一定的逻辑架构、条理清楚地将这些信息串联组织起来，形成目标明确、充实有效、特色鲜明的个人简历[2]。

14.2.1　需求匹配

不同用人单位、不同职业岗位对应聘者的综合素养和职业技能的要求均不一样。用人单位一般在发布招聘公告时，大都包含清晰的单位简介、职位描述和招聘要求，对相应岗位的职责能力、发展规划和组织架构等内容也会进行条分缕析的说明。求职人首先要仔细阅读这些内容，然后结合自己的专业、特长、兴趣及职业规划、发展方向，认真考虑该单位和职位是否适合自己，从而决定是否选择投递简历。当决定投递简历时，应当根据用人单位的特点、要求、职位及自己的求职方向、职业规划进行全面评估和信息归纳，将自己的能力与对方的需求进行匹配，以便制作一份具有针对性的、高水平的个人简历，促使用人单位在阅览简历后，对求职者产生兴趣并愿意提供进入下一轮选拔的机会。

每一份个人简历都应该有目标化的阅览者，切记不要使用一份简历"行走江湖"。很多求职者贪图省事，采用一份从网络上下载的简历模板，在多种行业、多家单位、多个职位进行"海投"应聘，所谓"一式 N 份"和"广种薄收"却屡屡石沉大海、没有回音。好不容易等到一家用人单位来电联系，都分不清楚是哪家单位和哪个职位，结果是往往一问三不知，无法抓住机会。所以，没有放之四海而皆准的个人简历，目标明确的个人简历更不会趋同化、僵尸化。即便是求职者具有一份基本的个人简历草稿，也应该针对不同的用人单位和职位进行需求匹配、内容筛选和写作修改。

需要注意，虽然求职者在进行需求匹配时会权衡薪资待遇，但是当实际制作或投递简历时，除非用人单位有特殊要求，一般不建议注明最低薪资或设定过高门槛，这样容易失去大量潜在的求职机会。

14.2.2　信息搜集

个人简历针对应聘单位和目标职位，重点展示与之具有关联和影响的个人经历、经验、技能及成绩。在尊重事实的基础上，可以适当选择对自己应聘有利的信息。例如,可以给出与求职有关的、必要的、优秀的课程成绩,而不是把所有课程成绩全部罗列出来,甚至出现了挂科和补考成绩,往往适得其反。

在进行个人目标信息搜集时,可以先通过列表将求职人的经历和能力全部列出,然后选择和梳理与用人单位及招聘职位要求相符合的信息。一方面,将求职人的学习、实习、工作和项目经历、经验按照时间顺序排列,并一一列举自己在此过程中所完成的任务、取得的成就及获得的成长。另一方面,综合分析和提炼列举求职人的主要技能、辅助技能、量化成果及可转换技能与理想特征。可转换技能也被称为功能型技能,能够从一个地方转换到另一个地方,从一个行业或者一份工作转换到另一种行业或另一份工作中。例如,游泳技能可以转换到(或者说运用于)救生员、游泳教练和夏令营老师等工作中。类似的技能还有收集信息、写作、演讲、培训及合作等能力。个人理想特征如诚实、耐心和友善等,对于求职人能否找到理想的工作也具有重要影响。

求职者在搜集个人过往经历信息时,还可以前瞻性地、有技巧地为后续面试考核进行铺垫。在个人简历中描述自己最重要的经历、最突出的成就、最显著的优势、最匹配的技能和最精彩的案例时,重点突出、详略得当并巧设疑问,有意为后续面试环节设计埋伏一些可能被提问的问题,使求职者在整个应聘过程中更加主动自信、游刃有余。

此外,求职者要仔细阅读用人单位的招聘要求,梳理必须提供的信息和必须提交的资料,不能有任何遗漏。倘若没有按照要求提供完整的资料信息,求职者的个人简历很可能就会被直接无视,因为审核人员会怀疑求职人是否在刻意隐瞒有关信息。

14.2.3　内容组织

在需求匹配、信息搜集的基础上,通过逻辑化、结构化、条理化的组织整理,将关键信息和重点内容有效纳入以用人单位为中心的个人简历框架中。简历内容着重强调求职者与应聘工作要求相匹配的教育培训、工作履历、个人资质和突出优势,使招聘人员在 30 秒之内即可判断出简历的价值,决定是否需要详细阅读简历直至做出反馈。在结构严谨的前提下,可以使个人简历富有一定的创造性,激发阅览者的阅读兴趣。

个人简历其实就是一种个人广告。一份好的个人简历不仅告诉用人单位你能做什么,更应该像所有好的广告一样告诉用人单位,求职者具有胜任这个职位的能力及在这个职业上获得成功的特质[3]。因而,不能将所有的经历都事无巨细地详尽描述,也不能将所有的经历都泛泛而谈,要恰如其分地做到重点突出、详略得当。即便是成绩和荣誉,也不必一股脑儿地全部罗列,要对搜集的信息进行有针对性地筛选、优化和组织。

例如:李梅在过去五年供职于一家天然食品公司,从收银做起,逐步晋升为部门经理。同时,她最近还获得了医药管理硕士学位。当李梅在健康管理领域应聘管理助理职位时,她可以侧重强调自己的新学位、相关的课程与研究项目,以及与之有关的实习经历,并通过描述她在天然食品公司工作的可转换技能与职责来支持该岗位所需的医疗办公知识。然而,当她申请另一份需要管理经验的工作时,则要重点描述自己在天然食品公司进行相关管理的工作,特别是担任部门经理的履历,详细介绍自己的工作职责、管理技能、服务能力与重要成就。

此外,在求学求职过程中,要及时总结自己最新的学习、工作、培训经历和新近掌握的技术、能力、特长及获得的荣誉奖励,有针对性地进行信息组织,不断充实和更新简历内容和格式。这样做一方面有利于应聘新的单位和职位,争取更多求职机会;另一方面,也可以在已经投递简历的单位进行面试时,展开更加丰富、完善、出彩的个人陈述。

14.3 个人简历的写作

14.3.1 写作原则

求职者通过个人简历向用人单位展示和推销自己,简历中的每一个字都要语义明确、富有感召地凸显求职者的关键技能、核心优势与鲜明特质。个人简历的写作通常要遵循诚信真实、目标明确、重点突出、精炼简洁、条理清楚和避免错误六个原则。

1. 诚信真实

个人简历是求职者的名片,其内容必须符合事实。虽然可以进行适当地遴选优化,但绝对不可以撒谎,更不能造假! 在保护个人隐私的前提下,简历应该体现求职者较为完整的重要教育背景和工作履历等真实资料。姓名、手机、邮箱和电话等基本信息要准确无误。如果求职人在某个比较长的时间段具有明显的教育或工作空白,也应尊重事实,或者给予简单说明,但万万不能掺假编造。所有的用人单位都非常看重员工的诚信道德,一旦发现造假,均一票否决! 很多著名公司甚至会不惜人力物力,联系求职者简历中提到的学校和企业进行资料核实验证,包括履历表现、业绩数字和荣誉奖励等细节。

当然,诚信真实并不意味着必须在简历中事无巨细地写出所有经历,求职者可以根据应聘需要进行合理取舍、纵深挖掘和客观优化。在真实的基础上,对求职者的个人经历进行有技巧地处理,突出重点履历和强项优势,合理弱化和规避不足,但切不可夸大其词、弄虚作假。例如,应届毕业生大多都没有正式的工作经验,在写简历时可以重点突出在校期间的学生会/社团锻炼、企事业单位实习及支教和志愿者等社会实践工作,从中优选、提炼出自己的收获与经验,可为所应聘的工作持续发挥效用。这样也就不会给人造成"应届生没有工作经验、完全是一页白纸"的感觉。

2. 目标明确

求职者在书写个人简历时,要突出应聘单位和目标职位,强化与之相关的个人优势,包括职业技能、学习工作经历及综合素养能力等。结合自己的职业规划[4],针对特定的用人单位和应聘职位,运用不同的写作方式认真准备和撰写、修改每一份求职简历,采用数字化的工作成果和具体案例对个人能力进行佐证。切不可用一份简历海投所有单位,其结果往往是石沉大海。也切忌向一家单位同时申请多个职位,会显得求职者没有目标和缺乏主见。如果求职人具有多种职业测评结果或者第三方推荐结论,不要试图将所有的结果和结论全部添加到个人简历中。只有把符合用人单位和申请职位要求的特定结果与结论写入个人简历,才能达到最好的反馈效果。

3.重点突出

简历是突显个人价值的精华,应该承载最有价值的资质和能力,不能将宝贵的篇幅浪费在无关痛痒的履历和内容上。个人简历重点描述能够提升求职人职业含金量的成功经历,比如完成了一个难度很大的项目、签约了一个重量级的客户等。尽量提供能够证明求职人工作业绩的量化数据,比如发表了多少篇高水平学术论文、将工作效率提升了多少个百分点、年销售额达到了多少万元等。对于在著名单位的工作经历、重要的学习培训经历及具有影响力的事件都可予以重点推介描述。个人简历的篇幅通常为 A4 开本 $1\sim2$ 页,因此,必须要在有限的篇幅里重点突出地展示求职者的关键优势与核心竞争力。

4.精炼简洁

个人简历的写作语言应该尽量平实、客观、精炼、简洁。在进行求职意向描述时,建议尽量使用清晰明确的职位群;在进行主要资历、工作经历和兴趣爱好等内容的叙述时,最好避免冗繁的大段文字,建议采用核心动词和量化短语递进呈现;在进行具体数字和数值的表述时,尽量做到精准正确,避免"大概""左右"等含糊其词的说法。在具体描述过程中,一般省略"你""我""他""她"等人称代词,直接采用第三人称客观表述。利用较为强烈的行动动词说明求职人做了什么,取得了怎样的实效和成果。例如:"推出了一个电子商务网站,第一年就产生了 0.06% 的盈利;开发了一套年度预测模型,精确度可达 97% 以上。"

在书写个人简历时,要善于利用关键词来说明求职人所取得的业绩成就。用人单位往往对每一个招聘职位都设置了与其职责要求相对应的关键词。特别是在当今网络化时代,用人单位越来越多地采用学历学位、职位意向、经历资历和个性特质等关键词,通过网络系统进行快速简历筛选。匹配越多的关键词,求职者就越容易通过简历筛选。这些关键词通常为一些独立的名词或名词短语,用于描述求职者的专业背景(如 Computer Aided Drafting,CAD)、学历学位(如 Ph. D)、职位信息(如 Software Engineer)、职务职责(如 Team Leader)、技术能力(如 Java)、组织会员(如 Institute of Electrical and Electronics Engineers,IEEE)及可转换技能与理想个性特征(如 English Writting)。因此,求职人在填写和撰写个人简历时,更要注意将自己的重要信息进行结构化、条块化梳理,提取和浓缩每个模块的关键词。在对应的关键词标签下,采用直观的数字和鲜活的实例展示求职人的突出优势。

5. 条理清楚

个人简历的本质,其实是将求职者的申请理由和用人单位可能的聘用理由,用求职人的履历和经历有逻辑、有条理、有结构地表达出来。在进行简历内容排布时,尽量将关键信息和重点内容放在前面展示,做到逻辑清晰、层次分明、重点突出。简历的每一部分内容应尽量保持一定的格式化结构,每段描述也尽可能使用相似的表述结构。让任何阅览者看到简历后,都能感受到条理清晰的逻辑和组织严谨的架构,不会产生错乱、拖沓、重复和内容缺失的感觉。再加上精雕细琢的遣词造句和准确严密的表达描述,使个人简历的上下文衔接合理自然,力求引起阅览者共鸣。

6. 避免错误

简历中的个人信息特别是联系方式要准确无误。当今时代,用人单位越来越多地采用电子邮件发送面试等考核通知,因此,求职者要确保自己的电子邮箱是真实注册并拼写正确的,否则就无法收到面试或后续安排通知。另外,要认真反复检查已经成文的个人简历,确保采用准确、恰当的词汇和语句来展现、描述自己的资历和能力。尤其要注意杜绝错别字、语法和标点符号错误等低级失误。必要的情况下,可以请他人帮忙校对审查,然后自己再仔细完整地检查两到三遍。有的个人简历显示求职者大专读了十几年,普通本科读了一两年,十二三岁就开始工作,等等,大多是由于粗心造成书写错误,令人哭笑不得。

建议求职者定期或不定期地对个人简历进行修改和更新。一方面,可以及时加入最新的学习和工作经历、最近掌握的技能特长和新近获得的业绩成就,不断充实和完善个人简历的内容;另一方面,多次反复修改和润色,有助于及时发现简历中的错误与不足之处,不断提升个人简历的写作质量。

14.3.2　主要格式

对于一般求职人员特别是应届毕业大学生,在书写个人简历时,大多选用改良的时序型或综合型简历。其主要内容模块包括：题头、求职意向、个人基本情况、资历概述、教育背景、工作经验、社会经验、其他技能、团体会员、性格特长、荣誉奖励、主要著述、附件和证明人等部分。求职者可以根据用人单位的要求和个人喜好，设计简历风格与格式，灵活组合这些内容及其次序，以便更好地展现个人特质、能力与优势，引起阅览者的兴趣和共鸣。

需要指出，个人简历的书写格式比较灵活，没有固定的模板和所谓的最佳格式。对于网络模板，一定要谨慎使用。每位求职人的具体情况不同，看着非常酷炫的模板未必真的适合自己。建议求职者根据自身的情况进行科学合理的设计，不必拘泥于固定格式。只要包含基本的、必须的、重要的资料信息，并做到目标明确、结构清晰、重点突出和令人信服，就是一份好的个人简历。

1. 题头

题头一般用来在简历的醒目位置（如页眉）提供完整的个人联络信息，如姓名、地址、电话和电子邮箱等。必须确保相关信息准确无误，尤其是电话和邮箱要保证对方可以第一时间联系到求职者，便于用人单位通知面试安排和发布招聘结果。尽量不要使用前任雇主的电话和电子邮箱，建议在 Outlook、网易和腾讯等网站注册独立的求职邮箱，专门用于求学、求职和应聘。需要注意，邮箱用户名的选取和设置要专业、严谨。曾经有用人单位发现，求职者的电子邮箱为 ILoveU@×××.com，略微显得轻佻而不够严肃。

2. 求职意向

如果说个人简历是一篇求职者向用人单位推销自己的美文，那么求职意向就是这篇文章的主题。求职意向不但给求职者确定了一个清晰明确的"去向"，给用人单位表明了求职者的目标和诚心，而且便于用人单位对收集到的简历进行分类筛选，提高用人单位搜索到求职者的概率。

求职意向将求职人感兴趣的职位或者职位类型准确清楚地告知用人单位。常见的求职意向包括专业职位（如 Sales Representative）、专业兴趣（如 Sales Representative for health care products firm with a special interest in biomedical products[5]）和专业技能（如 Sales representative for health care products firm utilizing biology background，proven marketing techniques and excellent presentation skills[5]）。求职意向在反映求职者职位期望的同时，能够让用人单位感受到求职人可以为用人单位带来的收益和好处。因而，求职意向可以帮助求职者分析自己想从事的工作种类，思考自己想优先利用的技能和特长，聚焦自己的强项和优势，在简历写作中有目标、有针对性地组织个人信息。

作为个人简历的主旨灵魂与核心线索，求职意向与求职人的专业、爱好、实习和工作经历息息相通。求职人在撰写求职意向之前，首先要对自己有客观清晰的自我认知，知道自己现阶段想要什么、有什么资本、性格特质是什么；然后全面了解所要应聘的行业方向、职业职位和工作内容；最后两相比较，进行自我推荐，提炼出合适的求职意向。所提炼的求职意向应尽可能清楚、准确、集中、到位，语言力求简明扼要。

一份个人简历只能有一个求职意向，要切中要害、具体明确，忌含糊不清和笼统空泛。很多求职人员特别是应届毕业生（包括本科和研究生）在写个人简历时，要么未写求职意向，要么求职意向过多，还经常出现好高骛远、过于谦卑和语言拖沓等问题。例如："本人愿意从事富有挑战性的工作"或者"寻求福利稳定的基层工作"，实际上就是没有求职意向，这样的表述既不清楚又不准确。又例如："本人五官端正，性格开朗乐观。在校期间努力学习，与同学及老师的关系很好，善于沟通交流，多次参加校内组织的志愿活动，富有爱心。为了不断完善自己，也积极投身校外实践活动，掌握一定的经验和知识。诚实进取，负责好学，喜欢创新，学习新事物的能力非常强，做事勤奋努力。发挥自己特长的同时又尊重团队精神。以专业知识和社会交往能力及发展自我为基础，寻求在各企事业单位咨询、文秘、策划、编辑、文书、广播、传媒、公关、管理等相关工作。"[6]这样的求职意向纯属主观描述堆砌，好话、套话、空话连篇，而且求职意向太多太泛，让招聘人员很是无奈甚至反感。如果求职人具有多个职业目标或者希望申请多个岗位职位，建议最好分别撰写不同的个人简历。每一份简历都要针对相应的用人单位和岗位职责的特点及要求，撰写不同的求职意向，表明求职者对用人单位的重视和热爱，也是求职者为自己的切身发展负责。整份简历围绕该求职意向选取素材、取舍内容和组织结构，集中体现求职者在相应职位能为用人单位做出怎样的贡献。

个人简历的求职意向越具体、针对性越强、越靠近用人单位的需求，求职者就越有可能成为该职位的候选人。求职意向对用人单位不仅传递出求职者想寻找何种职位的信息，更传递出求职者希望在职业生涯中取得何种成就的信息。如果用人单位看到求职者的求职意向与他们的职位空缺正好吻合，就会渴望进一步了解求职人的具体情况和简历细节，进而决定是否给予面试等后续考察机会。例如："5年跨国公司人事经验，谋求跨国公司人事管理类岗位"[7]和"具有丰富的网页开发经验，熟练掌握.ASP、.NET等技术，欲求高级网页设计工程师职位。"[7]都是非常不错的个人求职意向描述，不仅目标明确、重点突出，而且言简意赅、清晰准确。

3.基本情况

这一部分主要列出求职者必要的个人基本情况，例如性别、出生年月、民族、政治面貌、婚姻状况、健康状况以及通信地址等信息。在具体写作时，可以根据用人单位的招聘要求，适当增减相关内容，但是必须确保信息准确。

4.资历概述

个人资历概述是求职者根据所申请的单位与职位，将自己与之相关的重要经历、成就与技能，予以高度凝练后的小结。通过简要的资历概述，向用人单位证明求职者具有资格胜任所申请的工作，令用人单位产生初步接受求职者的念头，从而使求职人从众多申请者中脱颖而出。

资历概述不是简单的个人总结，而是求职者向用人单位展示自己工作资格与能力的最佳陈述工具。用人单位通过简短的资历概述，便可判断求职人是否是该工作最合适的人选，而不用花费时间读完整份简历才能得出结论。因此，这一部分很有可能是个人简历中，除求职意向以外，唯一被招聘人员读到的部分。为了撰写一个有影响力的概括陈述，概述开头就要针对用人单位最看重的资质和能力，按照重要顺序排列求职人与之相匹配的技能、经验与教育等个人情况，使用清楚、准确而不泛滥的词句进行简短有力的展示和表述，从而给用人单位留下深刻的印象。例如："销售经验丰富：担任销售经理，具有 8 年五金零售及机电设备销售经验；领导力出色：通过激励性领导，在 25 名具有不同专业背景成员的部门中实现了最低的人员流动率；解决问题能力强：因创新性分析和解决实际问题，荣获 3 项企业奖励。"[5]

5. 教育背景

一般按照时间倒序列出求职人主要的在校学习和培训经历，方便用人单位在最短的时间内了解求职者最新的受教育状况。每一条受教育情况应包含时间段、学校、专业和学历等必要信息，还可根据目标职位有针对性地列出研究方向、主修课程、辅修课程、科研项目、成绩排名及国外交流经历等可选信息。

如果求职人是在校学生或即将毕业的学生，教育背景一般是最大的应聘优势。个人简历中教育背景的写作，一般从大学及其以上受教育经历开始算起，将学校、专业和学历等信息放在最前面介绍。如无特殊必要，无需罗列中学教育经历。假如求职人是名牌大学的毕业生，可以尽量重点突出毕业院校；假如求职人所学习的专业与应聘职位十分对口，应该重点突出专业背景；假如求职人是跨专业应聘，但拥有双学位或者相关的辅修经历，可以着重强调辅修专业。例如，求职人主修的专业是生命科学，但是也辅修了经济学双学位，如果想从事金融方面的工作，可以适当地淡化生命科学专业背景，突出强调经济学双学位及相关学习经历。

研修课程及其成绩视不同情况，决定是否列出。如果求职人的专业符合应聘职位的要求，可以不用列举所学课程，即便要列，也只列三、四门与职位相关的主干课程即可。如果求职人的专业与应聘职位的要求不符，但是拥有职位所对应专业的双学位，或者选修过相关课程，那么可以将相关的几门主要课程列出来。研修课程的列举不宜过多，选择与求职密切相关的核心课程即可。如果相关课程取得了优异的成绩，也可以适当标注相应课程的成绩或绩点。

一般来说，通过相对数字表示学习成绩更具有说服力。如果求职人的学业成绩排名在班级或者院系的前 10% 以内，可以直接标出百分位。例如："排名：年级前 5%"。如果成绩排名比较居中，但是所在班级或者年级的学生人数较多,可以给出总排位。例如:"排名:40/300"。如果获得过重要的表彰奖励和奖学金,可以用一句简短的话语精炼概括获奖情况。

对于在国外做过交换、访问、研究、交流的求职人员,建议将相关学习培训经历在教育背景中予以展示。国外名校及相关重要经历本身就可以为求职者竞争职位加分,同时还可以体现求职者的外语水平。

即使求职人已经工作多年,教育背景或许对于应聘相关职位显得不是非常重要,也仍需按照一定的段落结构列出简单、清晰的教育背景,只是无需详细描述专业知识与技能培训等内容和信息。

教育背景示例[5]:

2016.9—2020.7 西安交通大学计算机科学与技术专业 本科 GPA:3.6/4.0

主要课程:Python 程序设计,Java 程序设计,C++程序设计,C#程序设计,算法设计与分析,数据库系统原理,软件工程,操作系统,软件安全,等。

项目经历:客户关系管理(CRM)系统开发(毕业设计,成绩 92/100)

通过总体方案设计和优选技术平台,基于 Windows XP / Windows 2000 和 SQL Server 2005,开发了系统框架和专项数据库,实现了客户管理、库存管理、服务管理和分析管理等模块功能,帮助企业对客户资源进行有效管理,以提高企业的经济效益。

6. 工作经验

工作经验是向用人单位说明求职者经过怎样的工作和实习履历,具有何种经验、技能与资历,简洁有力地证明求职人如何满足应聘职位的要求。在具体写作时,通常也按照时间倒序列出,涵盖求职人所有的工作经历。每一条工作经历都应包括雇主名称、起止时间、全/兼职及职务等信息,突出展示工作职责和主要业绩。撰写工作经验不能只简单地罗列每一段工作经历和相应的工作任务,应该针对应聘单位和目标职位,具体说明与之相关的工作经历、重要成果与突出贡献。与应聘目标关系不大的工作经历,只需简单列出即可。

工作经验不等同于工作经历,二者不能划等号。如果说工作经历是一种宝贵的个人财富,那么工作经验就是这种财富中的明珠。工作经验是通过实践经历而获得的重要积累、提高和升华。工作经验的有无和多少,最终体现在个人能否把以往工作经历中掌握的知识技能再次应用到现在的工作,并有效指导现在工作的实施与能力的提升。因而,求职者应该认真剖析自己的职业特质、职业兴趣和工作能力,努力将既往工作经历转化为丰富熟练的工作经验。

为了更好地体现求职人的能力和价值,在保证信息真实的前提下,个人简历中的工作经验需要有针对性地取舍和提炼求职者的工作经历。一方面,从用人单位发布的招聘信息中提炼核心要义,根据应聘职位有的放矢地突出求职者的相关或相近工作经历;另一方面,坚持价值优先、重点突出的原则,优先展示求职者最重要的工作成就与最高职务。此外,可在实事求是的基础上,对叙述风格和细节描述加以优化。建议以成绩为开头,采取"问题—措施—成果"的顺序,将结果和成绩通过具体数字进行量化描述。要尽可能多地融合相关领域的关键词与专业术语,利用印象深刻的行动动词展现核心工作,例如:"建立""解决""取得""增加/降低""保持""参与""协助"等。

对于具有代表性的重要工作、项目和业绩,要进行精心梳理、合理组织和用心描述。认真思考自己想给用人单位呈现什么信息?而对方又能从自己的描述中获取什么信息?相关工作的困难与挑战在哪里?而自己又是如何分解问题和解决问题的?结果、效益和成本如何?自己的耀眼成绩突出体现在哪里?从中证明了自己的哪些能力与特质?最重要的是,这些经历、业绩和素养对于自己正在申请工作的行业、单位和职位有何帮助?最后,采用清晰的逻辑架构和简洁的语言词汇表达出非常具有竞争力的工作经验。例如:"成功实现企业扭亏为盈。因市场竞争激烈、产品结构不合理,企业每年亏损 100 万元。履职之后,带领员工通过调整产品结构、加大市场开发、扩大销售网店,成功扭亏,并为企业盈利 200 万元。"

对于短期工作或者与目标职位不相关的工作经历,可以将它们整合在一起,形成一条工作经验。此时,尽量简化工作细节,重点突出能够帮助求职者应聘目标职位的可转换技能,如积极的工作态度、良好的交流合作能力以及正确全面的决策能力等。通过有机整合,将零散的工作经历变成良好的工作经验,展现出可用于其他职业和职位的合适技能与优势特点。例如："Telemarketer for firms in Denver area. Functionalized effectively under pressure in quantity-driven environments. Frequently exceeded sales quotas, earning awards for 'best marketer' three times. Exhibited patience and tact working on the tele-phone with varied ages and temperaments. Designed and prepared 25-page em-ployee training manual. (2010-2012)"[5]

对于工作履历中的空白间隙，要根据具体情况分别对待和处理。求职人应该尽量在工作经验部分列出连续、完整的个人经历。有的个人简历中工作经历描述模糊，这里留下若干时间的空白间隙，那里又丢掉几年经历，使用人单位顿生疑虑，甚至怀疑求职者的工作态度和做事态度。当然，很多人的工作经历中可能或多或少会存在一些间隙，可以视具体情况分别对待。对于能够合理解释的间隙，比如求学和生育等，完全可以列进履历。一两个月的工作转换间隙，也属于正常情况，根本无须提及。为了使简历显得完整，可以将工作年限写到年而不用具体到日期，例如："2015—2017"。当雇主的名称曾经发生过改变，可以在现用名称后面加注曾用名称，例如："Lenovo(formerly Legend)"。如果求职人真的存在其他原因导致的、不方便写入简历的就业间隙，则需要通过优良的写作技巧(如前面提到的"资历概述")，将招聘人员的注意力集中在求职者的重要能力与突出优势方面，努力将他们的注意力从就业间隙和工作时间轴上移开。此时，还需要注意，求职者必须提前准备好如何在后续考核环节(如面试)对工作间隙进行合理解释，因为招聘人员一般都会对比较长的工作空白间隙产生疑问。

当求职者的工作经历比较少时，要善于化"潜力"为竞争优势。在有限的工作经历中，挖掘有价值的工作经验，可以着力展示自己勤奋肯干的诚恳态度、强劲的学习能力、坚韧的抗压能力、良好的团队精神和巨大的创造潜力等特质。对于应届毕业生来说，可以强化实习经验，也可以利用后续"社会经验"部分，介绍自己曾经参加的社会工作以及取得的主要成就。通过展现个人发展潜质，促使用人单位发现求职者的能力和价值。

7. 社会经验

对于应届毕业生而言,相对学校里的社团工作,实习、实践工作经验更接近职业岗位要求,也更能体现求职者的综合能力。在写社会经验板块时,建议将实习和社会实践放在前面,学校里的社团工作放在后面进行介绍。例如,可以重点介绍各种就业实习、毕业实习、社会活动和暑期打工等历练经验。按照"重要优先"的原则,首先展示重要成就和职位职责,可以不必拘泥于严格的倒序(或顺序)次序。遵循简洁、相似的表达结构,分条分点陈述每一段社会经验,避免大量文字冗繁堆砌。在具体书写时,简要地介绍工作时间、单位名称与部门职位,详细描述个人承担的主要工作内容,重点突出自己的实践能力、学习能力、合作能力和业绩表现。

书写社会经验时,一定要实事求是、客观准确。很多刚毕业的学生没有实际工作经验,参加了各种各样、不同规模的就业实习和社会实践,于是就喜欢在简历中将自己的社会经验描绘成大事,将自己的作用放大至举足轻重。这是非常不可取的。例如,李雷或许仅仅只是参与了一次促销活动,却非得说自己成功策划、组织了一系列产品推广活动。然而,让他详细描述活动内容和目标任务时,却无话可说,结果适得其反。

如果求职人在校内外各种社团组织中表现优异,也可以在社会经验部分予以重点呈现。但是,同样要客观真实,把握好分寸。有的毕业生在制作简历时,总想"神不知鬼不觉"地自己"突击提拔"自己。例如,将学生会干事在简历中改为学生会主席,将活动参与者改为活动组织者,以至于闹出某校一个学院同期、同时出现七八个学生会主席、十余个科技部长的笑话。

8. 其他技能

在个人简历的其他技能板块,求职者补充介绍前述部分未能展现的、与应聘职位工作要求相关的重要技能和素养,如仪器操作、制图绘图、视频剪辑和驾驶技能等。这一部分的写作,要紧紧抓住与所应聘工作具有内在关联的内容,力求简明、具体。

计算机和英语的运用是当代大学毕业生必备的两项基本技能。需要注意,绝大多数毕业生在个人简历中,将这两项能力几乎都表述为"精通"或"熟悉"。然而,在真正面试时却成了"哑巴"英语,在真正上机考评时却成了"呆迷"操作,很容易使用人单位对求职者产生诚信质疑。

9. 团体会员

主要补充介绍求职人参与专业组织、团体和联盟的情况,特别是与应聘单位和岗位工作密切相关的会员资质、级别和隶属关系。需要注意的是,这里的介绍不能与简历前述部分的内容产生重复。

10. 性格特长

补充介绍简历前述内容未能展示的个人兴趣、爱好、特长和性格特征。介绍性格特征时,也应注意分析用人单位和应聘职位所需人才的特质要求,将求职者的性格特征与之关联起来。根据职位岗位的性质和需求,筛选、组织和填写个人业余爱好、文艺特长、体育特长及代表性的性格特质。例如,如果求职人喜欢登山和长跑等体育运动,可在一定程度上反映出坚持、柔韧、开拓和竞争的个人特质,一般有利于申请市场开发和营销策划等职位;如果求职人喜欢围棋和国际象棋等活动,可在一定程度上体现出其较高的战略意识,通常有利于申请管理类职位。

需要指出,切不可在个人简历中刻意迎合职位要求,而给求职者在后续考核环节埋下隐患。例如,当今社会专业化分工越来越明确,用人单位也都非常看重应聘者的团队合作精神。于是,很多求职者都在个人简历中,大肆渲染自己具有很强的团队合作能力,甚至编造案例,介绍自己带领小组人员成功完成了某项具有挑战性的工作。然而,在面试考核的无领导小组讨论环节,求职者却要么总是冒然打断别人、强行抢过话语,要么低头不语、不知所措,显然与自己的简历描述严重不符。因此,求职者在简历中介绍个人性格特长时,同样要实事求是、客观准确,这也是为寻找一份适合自己的工作负责,为规划好自己的长远职业发展负责。

11. 荣誉奖励

荣誉奖励板块一般列出求职者被值得认可的突出成就、表彰奖励和荣誉名誉,如优秀员工、优秀干部、优秀学生、专项奖励、竞赛获奖、奖助学金、等级证书和社会服务获奖等。个人简历中列出的荣誉奖励,也要与所应聘的单位与职位具有一定的内在关系。这样更有利于证明求职者适合所申请的用人单位,能够很好地胜任所应聘的工作岗位。如果求职者仅有两三项荣誉奖励,建议将其列在简历中对应的章节板块(如教育背景、工作经验)即可;如果拥有多项荣誉奖励,则可以将它们归为独立板块予以展示。

12. 主要著述

当求职人拥有较多著作、论文和专利等著述成果时,可将与用人单位和应聘职位相关的代表性著述在此板块单独介绍。所有著述要按照相同格式和一定的逻辑顺序排列,不能出现拼写错误等低级失误。

13. 附件

附件一般是个人简历中所提到的业绩与能力的证明资料。通常放在简历后面,与简历一起制作成册。在准备简历附件时,建议使用相关资料的复印件或扫描件,不建议呈送原件,以防丢失。

14. 证明人

证明人对于用人单位是否决定聘用求职人起着重要作用。当求职者被要求提供证明人时,表明用人单位已经开始考虑愿意聘用求职人,说明求职者至少已经进入了应聘决赛圈。因此,求职者要提早准备3～5个与工作或学习有关的证明人,单独打印出来,以便随时呈递给招聘人员。由于个人简历的页面字数限制,如果没有特殊要求,一般在简历中默认不添加证明人,但是可以写上类似"References will be supplied upon request."的注释。

证明人一般是可以就求职者的能力和成绩给出可信的、正面评价的见证人。例如,过去和现在的老板、领导、老师和同事等人,但不能是自己的私人朋友。当求职者使用证明人时,一定要提前征得对方同意,并且对方愿意以相应的身份对求职者进行积极评价和认可反馈。证明人最好单独写在一页纸上提供,具体列出每一位证明人的姓名、工作职务、与求职人的关系、通信地址、联系电话以及电子邮箱等必要信息。

14.4　个人简历的制作

求职者在实事求是的基础上,合理优化、认真撰写并精心制作个人简历,力求做到整洁清晰、简明准确和通俗自然。

1.整洁清晰

个人简历制作时的内容布局要版面合理、格式清爽、层次明晰、重点突出。科学合理地排布个人简历意欲展示的信息与内容,有逻辑、有层次地突显个人成绩和优势,使阅览者对求职人及其求职目标产生良好、深刻的印象。简历制作可以充分利用整个页面,采用统一、协调的页面风格、段落结构、字形字号和字行间距等排版设计,使所制作的个人简历显得专业而富有吸引力。此外,如果要在简历中使用照片或图像,必须确保照片和图像得体、清晰。

2.简明准确

用人单位一般要求求职者首次提交短简历(Resume),内容要尽量精简,篇幅一般以1~2页为宜,建议不超过2页。用人单位通常都会收到堆积如山的求职简历,根本无暇顾及一份冗长的个人简历。所以,简历要浓缩求职者的履历精华,做到内容充实、言简意赅、突显特质、引人入胜。当然,简洁简明并不是简单无味、没有内涵。对于简历中的重要内容,例如重要经历、重大业绩和特殊技能等,就必须适当予以浓墨重彩地描述。此外,简历中的写作表达也要用词恰当、术语准确,不能出现逻辑错误和拼写错误。

3.通俗自然

能够吸引招聘人员在几分钟内看完、并留下深刻印象的简历,是为一份成功的个人简历。为此,建议采用通俗、晓畅、积极、自信的语言书写个人简历,简洁、清楚、有力地展现求职者的个人能力和主要业绩。当强调个人成就时,可以使用有份量的词语,突出求职者的特别技能与重要成就。当然,要把握好分寸,不过度包装甚至自吹自擂,不过于谦虚甚至自卑平庸,不刻意使用和杜撰生僻字词,而是有重点主次却自然舒适地展示求职人的综合能力与特质优势。在打印制作时,个人简历一般采用A4开本打印纸打印,中文字体使用常见的宋体或楷体,英文字体通常使用 Times New Roman(加粗文字使用 Arial 字体),尽量不要使用过多的艺术字体和彩色字体,整体格调以简洁明快、清晰自然为佳。

14.5　个人简历的投递

个人简历制作好后,求职者可以通过招聘会现场投递、网络招聘投递、电子邮件投递和邮政投递等方式向用人单位投递简历应聘。无论采用哪种方式投递,求职者在投递简历之后,都要保持跟进和追踪,及时查看和了解用人单位的回复及后续安排(如面试等)通知。

1.招聘会现场投递

利用公开的招聘会,现场与招聘人员积极沟通,详细了解企业情况、岗位职责和招聘要求,对照求职人的自身定位,决定是否投递简历和参加应聘。投递简历后,在必要的情况下,求职者可以主动联系招聘人员,咨询后续安排和了解应聘结果。

2.网络招聘投递

通过网站和网络投递个人简历时,首先要有针对性地挑选安全可靠的人力资源网站,例如知名招聘网站、高校就业服务网站和企业人才招聘网站等,仔细浏览和分辨用人单位、职位岗位与应聘时效等信息的真实性、有效性。然后,根据求职者的个人兴趣和实际情况,选择合适的应聘单位与职位,按照网站要求尽快投递简历,争取尽早进入筛选程序和抢占先机。求职人投递简历后,要尽可能查寻招聘方的联系方式,适时通过电话和邮件等途径,积极主动与对方联系,咨询招聘进展与结果。

3.电子邮件投递

在全面细致了解用人单位及招聘职位的基础上,根据应聘要求,利用电子邮件投递个人简历。此时,可以充分发挥求职信的功效,再附上个人简历,专业而真诚,往往能达到事半功倍的效果。在发送电子邮件之前,一定要检查附件等材料是否正确和完整。不能在求职信中特地注明了"请考察附件中我的个人简历",却发现附件空空如也,或者附件的简历是一份还未完成的半成品。如果用人单位要求同时发送较多的文件资料,建议将多个文件压缩打包发送,并在求职信的结尾注明附件清单,不仅显得一目了然,也方便审核者保存查阅。

4.邮政投递

如果用人单位要求通过邮政系统如快递、邮寄等方式投递简历,那么求职人在看到招聘信息后,要尽快准备个人简历并及时寄出。针对用人单位和应聘职位要求,制作和打印个人简历,装入信封或快递袋中,在封面写好邮寄地址、收件人和联系方式等必要的信息,第一时间寄件发出。建议求职者在信封的显著位置标注应聘职位,以方便招聘人员归类处理。简历投递寄出后,求职者可在合适的时间,主动与用人单位联系,确认对方是否收到自己的求职申请和个人简历,咨询和了解后续招聘安排与进度。

小结

　　个人简历是求职者给用人单位发送的关于个人情况的简要介绍。简历像一份个人广告一样,承载了求职者在学习、工作和生活中最有价值的资质和能力。个人简历简短有力地向用人单位证明,求职人具有胜任所应聘职位的能力,具备在相应职业中取得成功的特质,从而促使用人单位为求职者提供进入下一轮选拔的机会。个人简历的写作应遵循诚信真实、目标明确、重点突出、精炼简洁、条理清楚和避免错误的原则,逻辑清晰、层次分明、简洁有力地展示求职人的关键能力、核心优势与鲜明特质。

参考文献

[1] REARDON R C,LENZJ G,PETERSON G W,et al. Career development and planning:a comprehensive approach[M]. 4th ed. Dubuque:Kendall Hunt Publishing,2012.

[2] 小风嗖嗖的. 从0到1:求职思维的裂变[M]. 上海:东华大学出版社,2018.

[3] WHITCOMB S B. Resume magic:trade secrets of a professional resume writer

［M］. 3rd ed. Indianapolis：Jist Works，2006.

［4］苏文平. 大学生职业生涯规划与就业创业指导［M］. 北京：中国人民大学出版社，2018.

［5］BRANTLEY C P，MILLER M G. Effective communication for colleges［M］. 11th ed. Mason，Ohio：Thomson South-Western，2008.

［6］Raojun0043. 事业单位求职意向书［EB/OL］.（2016 − 08 − 19）［2021 − 01 − 19］. https：//www. docin. com/p − 1711429198. html.

［7］奉节人才网. 简历指导：教你撰写简历中的求职意向［EB/OL］.（2015 − 11 − 04）［2021 − 01 − 19］. https：//www. fengjierc. com/article/1196. html.

第 15 章

会议议程及会议纪要

15.1 会议议程

15.1.1 会议议程的基本定义及重要性

会议是管理沟通的重要手段,是群体或组织中保证意见交流的一种形式[1],也是日常工作中常见的沟通方式。一般说来,会议具有信息发布、任务分配、决策制定、问题解决等作用。

为了保障开会的效率,通常需要编写会议议程。会议议程是为了使会议顺利高效召开所编制的会议内容和程序。它主要包含两个内容,一是会议的各项议题,二是会议的议事程序。

15.1.2 会议议程的写作方法

编写会议议程之前,首先需要明确召开会议的目的。会议的目的越明确具体,其效率越高。接下来,就需要基于会议的目的确定与会人员、地点并协调会议时间,进而最终确定会议议程。安排会议议程时,通常需要在议事日程上注明每项议题的时间限制。如遇需要花费更多时间的议题,为避免该议题扰乱其他议题的进程最好为其另外安排会议时间。

接下来将分别介绍会议议程的几个要素及其写法。

1. 标题

我们撰写的各种类型文档都需要有标题,会议议程也不例外。会议议程的标题需要包含两个方面的信息:首先表明这是一份会议议程;然后介绍会议的主题。标题通常写在最上方,因是商务应用文,应尽量简单明了,并且不需要使用过大或较为花哨的字体。

2.参会的人员、地点、时间

接下来需要介绍会议的与会人员、地点、时间。具体写作方法如下：

（1）日期和时间。明确会议召开的具体日期和时间，可以分开书写也可以放在一起书写。

（2）地点。明确会议召开的地点，需要具体到房间。若会议地点有多个，需要写清每个会议召开的具体地址。

（3）参会人员。明确参加会议的人员姓名，所属的部门和职位。若有特别嘉宾，包括领导、报告人、特邀嘉宾等，需要进一步说明。此外，最好注明会议的主持人。

3.陈述会议议程要点

罗列出需要讨论的若干话题，每个话题独立成行，并在后面标注预计讨论时间，避免超时。这里可以采用"××点到××点"的形式，也可以采用持续"××分钟/小时"的形式。选择其中一种，保证全文统一。需要注意，若有特邀嘉宾，同样需要列出其报告或讲话主题及时间。此外，为了严格保障会议时间，通常可以在会议末保留一定的问答时间。

表 15 - 1 是一个具体的会议议程实例。

表 15 - 1　会议议程实例

会　　议：	人事部例会
时　　间：	2018 年 11 月 1 日　星期四　上午 9 点
地　　点：	第一会议室
参会人员：	人事部经理×××（主持）
	招聘主管×××
	培训主管×××
	绩效评估组组长×××
议　　程：	
公司新成立的分部职位设置及应聘要求　30 分钟	
讨论四名候选者谋求总经理职位的申请　30 分钟	
下次会议的时间和地点	

15.2　会议纪要

15.2.1　会议纪要的定义及作用

会议纪要属于公文的一种,是一种常用的应用文体。会议纪要围绕会议的议题,客观地记录会议所讨论的各项主要内容、会议的决策,以及与会者在会后应完成的职责或任务。会议纪要用于记载、传达会议情况和议定事项,是贯彻落实会议精神、指导工作、交流经验、解决问题的一项重要手段。

会议纪要可以多向行文。可用于向上级机关汇报会议情况,以便得到相应的指导;可用于向同级机关通报会议情况,以便得到同级机关的支持配合;可用于向下级机关传达会议精神,以便统一认识,贯彻执行。

会议纪要的实质是将会议中的决策落实形成具体的文字,并将其作为日后执行的依据。一份出色的会议纪要通过简洁的文字,使得没有参加会议的人也能够清楚了解与会人员的讨论内容、涉及的主要议题,以及各议题下主要与会人员的观点和主张,最终达成的共识或决议,甚至需要进一步讨论解决的事宜。同时,也要记载根据决议所安排的后续工作。需要注意,会议纪要正式发布前须经相关人员确认,确保无遗漏、无错误,才能作为正式的公文发布。在以下情况下,需要下发会议纪要:

(1)在政策或任务下达前,有关部门需要事先统一思想、形成共识或就某些重大事项通过会议达成意见时,应形成会议纪要并发布。

(2)某些工作或任务的开展涉及几个部门,需要召开协调会议,并明确形成会议纪要下发,使各相关方面有所依据和遵循,避免出现责任不清的现象。

(3)现场办公会议。如各类调度会,因议定的事项相对具体,并可能涉及多个相关方面,为方便执行和落实,需形成会议纪要。

(4)其他需要存档备查的会议。

15.2.2　会议纪要的种类

根据会议性质及内容的不同,会议纪要通常分为决议会议纪要、部署会议纪要、交流会议纪要、研讨会议纪要等几类。接下来分别对这几种会议纪要进行简要介绍。

(1)决议会议纪要。主要用于记载和反映会议所做出的重要决策事项,常用于各级领导机关的办公会。通常是在会议结束后由会议秘书整理,经会议主持人签发生效的文件。是一种用于反映集体领导、主要决策、日常工作处理等的公文。

(2)协议会议纪要。主要用于记载双边或多边会议有关内容及其所达成的协议情况。通常用于记载和反映领导机构主持召开的多部门协调会或不同单位共同召开的联席办公会等。

(3)交流会议纪要。主要用于记载情况交流或思想交流为主要内容的会议。其特点在于以统一思想、达成共识为目标,不涉及具体工作的布置。

(4)研讨会议纪要。主要用于记载和反映经验交流会议、各种专业会议或学术会议的研讨情况。其特点在于并不以共识或议定事项为主要目的,而是介绍各种观点或讨论。

15.2.3 会议纪要的写作

会议纪要有基本的写作方法,但也非一成不变。要写好会议纪要,需要从实际出发,根据会议的内容灵活运用,最重要的是需要把握以下要点。

1.会议纪要的写作要点

(1)客观准确。会议纪要需真实准确地反映会议的情况和精神,从客观的角度出发,并以中立和公务化的语气撰写。在会议召开之前,详尽地了解会议情况,做好各项基础性工作。可以向会议组织者了解会议的主题、议题及核心参会人员,提前预知会议中的核心内容、需要特别关注的发言,并尽可能提前获取与会者的发言资料或背景资料。会议过程中,需认真地进行会议记录,可通过录音笔或者手机等方式进行录音,为后续纪要成文做好准备。在撰写会议纪要时,需要注意会议纪要是对会议的客观记录,不要发表评论和个人观点,也不能通过筛选信息或转换语气等方式表达自身观点。

(2)精练概括。精练概括是会议纪要与会议记录最主要的区别,会议纪要不需要逐字逐句记录讨论的过程和每个参会人员的观点。会议纪要需要采用简单、明确、清晰的语言风格来记录会议讨论的所有议题和决定,注明哪些人要负责哪些事,落实哪些行动。因此,必须知道哪些内容需要删除,哪些内容需要补充完善,哪些东西需要提炼总结。具体原则如下:根据内容的重要程度和具体情况,与会议主题无关的内容可直接删除,避免重点模糊;会议中使用的简化语言要恢复至全称,避免传达过程中出现误解;另外,还需提炼总结会议讲话,通过正式、规范化的语言梳理清楚。如果设有具体时间、地点、责任人的条款,需要根据时间、地点、任务、进展等顺序阐述,确保工作或任务的正确传达。会议纪要的语言文字需做到简练准确、朴实无华、不要口语化。

(3)逻辑清晰。会议结束后,需要根据记录确定会议的逻辑框架,同时明确标号方式、多级标题格式及内容,确定讲话或报告的核心重点,形成会议纪要框架。在此框架的基础上进行后续的内容完善,因此,好框架是好纪要的开始。这里,可以利用会议议程帮助确定框架。若会议有书面议程,可以按照会议议程的顺序组织会议纪要。同时,注意本单位的规定和会议纪要的固定格式,最好保持会议纪要格式与内容的连续性,便于日后浏览比较。

(4)要点突出。会议纪要最重要的作用就是记录或展现会议的中心内容和讨论研究的要点。凡与此联系密切的问题,都应尽力写充分;反之可少写或不写。一般的会议可以直接使用会议纪要模板来完成整理工作,针对特殊项目,可以灵活运用,将各部分内容顺序灵活调整、突出重点。也就是说,在写清会议时间、地点、参与人、议题后,就可以将会议达成的决策性内容放在最前面,即先讲结论,再陈列沟通中各方各议题的主要观点,也就是决策的依据,最后介绍接下来的工作安排。

(5)取舍适当。凡符合会议宗旨的多数人的一致意见,会议纪要均需集中给予反映。同时,对于少数人的意见,若是正确的,也要予以反映。在讨论中若意见存在分歧,则一般不写入纪要,但研讨性会议纪要除外。这里,还要特别注意领导的观点和主张,作为决策依据的事实和数据,项目关键人员的观点和主张。会议主持人发表的意见、特别是总结性发言和结论性意见,需要在纪要中充分体现。

(6)有始有终。会议纪要的开端或段落开端需要明确接下来要传达内容的重点。在必要时,会议纪要的结尾可以根据会议整体节奏和气氛增加激励人心或强调工作的结尾。应注意避免开端不明确目的及方向,结尾仓促传达不清会议决议的情况。此外,会议纪要通常与具体的工作内容相关,可能会出现不熟悉的内容或领域。此时,应与相关领域工作人员进行沟通确认,确认无误后才可发布,避免因不了解情况产生错误和问题。同时,所有的会议纪要在发布之前,一定要请主管领导审批,确定会议纪要的内容符合规定,没有疏漏和错误,拟发送的人员名单范围准确无误。最后,会议纪要需要写清记录人的姓名,以便查证。

2.会议纪要的写法

会议纪要的结构应包含标题、主体和结尾等三个部分。其主要内容可包括会议主题、开会时间、地点、参会人员、会议主持人、会议议题、讨论内容、议定结果、议定事项执行负责人、下一步工作计划,以及下一次会议将要讨论的问题等。下面对各个部分分别进行阐述。

(1)标题。会议纪要的标题一般是用精练的语言概括出的会议议题,有时需附上发文机构的名称。标题的主要作用在于使读者从文件名就可以了解参会主体、会议的主要内容,这样既便于读者了解核心信息,也便于分类归档和历史查找。会议纪要的标题具体可以采用如下三种形式[2]:

会议名称+纪要:这类标题由会议的名称后面加上纪要两个字组成,且最为常见,如"本科教学工作会议纪要"等。

正标题+副标题:正标题主要的作用在于提出问题或揭示会议主旨,副标题则多采用"会议名称+纪要"的形式。如"教授需为本科生上课——××大学本科教育工作研讨会纪要"。

发文机关名称+议题+纪要:此类纪要通常在需要强调发文机关时采用,如"国务院关于卫生食品整治工作会议纪要"。

(2)主体。会议纪要的主体分为以下几个部分:

开头。主要用于概述会议的基本情况,包括会议的名称、时间、地点、参会人员，也可以写清主持人。这里需要注意，若有重要人员因故缺席，需在参会人员处备注加以说明，以便事后查询。开头的常见写法有两种：一是列项式，即将会议名称、时间、地点、参会人员等要素依次列出，各占一行，一目了然。这种写法多用于办公会议纪要。二是概述式，即将会议的基本要素用一段文字作简要叙述。然后可以采用"现将会议主要精神纪要如下"或"现将本次会议讨论问题纪要如下"等过渡句转入下文，文字尽量简练。

正文。正文一般包括会议研究的问题、讨论的意见、作出的决定和提出的措施办法等。正文部分包括会议讨论的议题、按时间顺序进行排列、记录会议做出了哪些决定，每项决议的负责人是谁，以及决议的关键细节。标明下次会议要讨论的议题。

会议纪要的正文部分主要反映针对会议议题与会人员陈述的事实和数据、表达的观点、提出的主张，这些都是做出最后决策的依据和证明。为了更好地撰写会议纪要，执笔者在会前可以了解会议内容，也可以通过主持人介绍来进行内容提炼。另外，在实际会议中，可能有些内容与会议主题不相关，在撰写会议纪要时，要注意不相关的内容不应该出现在会议议题项中，如果涉及重要领导的意见或指示，可在会议纪要最后另行说明。正文部分的写法可以采用条款法、归类法、摘要法等几种方式，其中最常用的是条款法。

条款法，通常将会议议定的事项用条款方式加以简要说明，并标清序号，每条写一个事项。这种写法的优点在于清晰明了，对于需要日后经常查找翻阅的纪要，通常采用这种写法。

归类法，有些工作会议涉及的内容较广、议题较多，这时简单地罗列会议要点的方式不再可行。需要按讨论问题的性质或议定事项的不同分类进行整理，分别列出序号、标题进行叙述，每个标题下面视内容多少，分段或分条撰写。

摘要法，通常按会议发言顺序记录每个报告人的发言要点，根据各人提出发言的不同角度，整理成若干问题，同时注明发言人的姓名、职务。此类纪要通常在需要强调问题的提出者或发言人时采用。

此外，正文中还应包含会议决议，也就是针对所讨论议题达成的共识或做出的决策。需要注意,会议决议应是与会决策领导发言或主持人的总结陈词中经过决策领导或主持人确认的,而不是一般与会者的主张。即使在讨论时大多数人都赞成的意见,但与会的决策领导没有明确表态的,也不能视之为会议决议。

(3)结尾。与其他文体类似,会议纪要也要有结尾。针对不同类型的会议纪要,应该有不同的结尾。可以向有关单位和人员提出为实现会议目标和任务而奋斗的号召或希望。可以就会议议定的有关问题,向上级有关部门提出意见建议。可以对会议意义和收获进行评价。可以向有关单位和人员提出贯彻落实的具体要求,此后的工作安排及执行计划,即会议中对于下一阶段相应工作的安排,包括要做的事情、负责人、参与人,时间计划。对于下一阶段工作安排,可以按照以下两种方式撰写:以工作为主体的方式,列出需要完成的工作及对应的负责人、参与人、要求的时间计划,适用于事项较多,且工作与工作之间无交叉的情况;二是以执行人为主体,列出每个人需要承担的工作细项及时间要求,这种情况适用于单一的项目管理,每个人承担事项中的多项环节,便于与会者对自己会后需要落实的工作有清晰的把握。此外,会议纪要的结尾也可以加上会议纪要的印发机关、成文日期等。

同时,在会议纪要的撰写过程中,还要注意其与会议记录的区别。会议纪要和会议记录都是会议公文,具有较强的纪实性。但会议纪要不同于会议记录,主要体现在如下几个方面:

会议记录是在会议过程中,记录人员所记述的会议的组织情况和具体内容,以便在会后最大程度地再现会议场景。凡正式会议一般都需要做会议记录,但会议纪要主要用于记述重要会议的情况,可以由会议记录整理而来。也就是说,会议记录可以无选择性地还原会议情况,并且随会议进程进行,越详细越好。但会议纪要则要求有选择地整理会议的内容,集中反映会议精神,具有概括性和指导性。具体的会议纪要的例子如表15-2所示。

表 15 - 2　电信云新业务需求研讨会议纪要

会议主题(Purpose of Meeting):电信云新业务需求研讨

会议时间(Data of Meeting):2018 年 7 月 7 日　　　　**会议地点(Venue)**:项目组第一会议室

与会人员(Attendee List):项目经理×××,产品经理×××,测试组组长×××

会议议题(Agenda/Topics):电信云新业务需求研讨

会议内容(Content):

由业务分析员宣讲新业务需求;

开发组根据需求分析具体的技术实现;

项目经理审核新需求的工作计划和潜在风险

会议决议(Resolution):

确定添加会员等级功能

项目修改:修改会员等级的数据表;

　　　　　　修改该系统界面对应的代码和需求规格说明书、详细设计文档

工作安排以及执行计划(Assignments/Action Plan):

UI 在会员界面新增会员等级图标;

开发组书写详细设计文档,给出该功能的具体实现;

测试组配合开发组完成功能测试

小结

　　会议纪要是对会议的主要精神和议定事项的记载和表述,撰写时需要抓住会议的中心议题,着重对已经取得一致或基本一致的意见进行表述,与会议记录相似但有区别。

参考文献

[1] 许罗丹.管理沟通[M].北京:机械工业出版社,2012.

[2] 宁昭.会议纪要及其写作[J].人民之声,2002(3):41.

第16章

面　试

面试是测查和评价应聘人能力和素质的活动,由组织者精心设计的,在一定场景下,以面试官与被面试者的面对面交谈与观察为主要手段,由表及里测评被面试者的知识、能力、经验等有关素质的考试。面试的主要目的是挖掘应聘者和应聘岗位有关的信息,包括教育经历、资历、能力等,并根据这些信息预测其在应聘岗位上的未来表现。

16.1　面试的主要方式

"知己知彼,百战不殆",若想面试成功,就需要知道面试官希望寻找具有哪些特质的员工。通常来说,这些特征包括:自信心,通常面试官会从眼神接触、握手的姿态和力度等侧面观察面试者的自信程度;性格,面试者是否具有积极、平和的性格,少有负面情绪;热情,对所应聘的单位和岗位是否具有足够的热情,并积极寻求加入;责任心,对所从事的工作是否有充分的主人翁意识和责任感;团队意识和奉献精神,是否能够将团队利益放在首位,与团队成员为了达到共同目标而努力,而不是过分强调自我。

从面试官的角度看,所采用的主要面试方式有两种:行为面试,情景面试。其中,行为面试,也叫行为描述面试(Behavioral Description Interview,BDI),主要是根据面试者过去实际行为的事例描述来评测其胜任力,通过收集面试者所提供的行为事例来预测其未来将会如何处理相关情况[1]。情景面试(Situational Interview,SI),主要是让面试者假设某种情境,然后了解其在这种情境下会如何行动的面试方式。

行为面试最早由 Janz 在 1982 年提出[2]。行为面试侧重于探索深层行为,不太看重学历、年龄、性别、外貌、非言语信息等表面特征。行为面试假设"过去的行为是预测未来行为的最好指标"，其依据是人总是有相似的行为模式，在遇到相似的情景时会采用和过去一致的行为模式。比如说某个应聘者在过去的任务中，在团队遇到问题时，采用了积极解决、与团队成员努力协调的态度，能很好地控制自己的情绪，耐心地与团队成员交流自己的意见和看法，并以自己的专业精神征服对方。那么，在将来再碰到类似的情景时，他通常也会冷静处理，从容应对。

行为面试的设计及实施流程反应了其结构化特征。首先，行为面试是以关键事件的工作分析结果为依据的；其次，行为面试需要围绕职位能力素质行为维度进行问题设计；再次，行为面试的问题是标准化的，面试官对面试者讲述的内容进行灵活的追问，目的是对背景、行为目标、行为措施和结果进行细节性地深入了解；最后，面试官对被面试者的回答进行记录，对行为维度评分进行整合，得出针对胜任力的评价结果，为录用决策提供参考。

那么，面试官是如何判断面试者是否符合要求，也就是是否胜任的呢？接下来我们将着重阐述胜任力模型。胜任力模型发展历程，可以追溯到美国著名心理学家麦克利兰（McClelland）的关于胜任力的文章[3]，该文采用了对比分析的方法，比较了美国政府在挑选外交官的过程中，如何鉴别优秀和平庸的外交官。通过行为事件访谈和对比分析，发现跨文化的人际敏感性，对他人的积极期待和快速进入当地政治网络是优秀外交官区别于普通外交官的关键所在。基于该项结果，麦克利兰教授提出了胜任力的模型，并指出胜任力能够比智力更好地预测真实工作的表现。

在胜任力的冰山模型[3]中，胜任力包括自我概念、特质和动机，其中自我概念是一个人对自我的认知，特质指典型的行为模式，动机指稳定的意图。这些自我概念、特质和动机可用于预测一个人的长期表现。可见，胜任力主要强调能够影响绩效的其他非技术因素，包括动力因素和情绪因素。在胜任力提出之前，对人才的识别大多看冰山之上的部分，包括学习、性别、经历，对于冰山之下的部分缺乏认识和探究。但是，冰山之上的部分，很容易受到一些表面因素的干扰，如学历，学历不等同于能力，学历很好的人可能解决问题的能力有限。从胜任力模型中可见,决定业绩表现的关键是冰山之下的部分,是我们对自我的认知,是我们长期的行为和思维模式。

综上所述,行为面试是通过挖掘应聘者过去的经历来预测其未来工作表现的较为准确和有效的结构化面试方法。

与行为面试类似还有情景面试,情景面试由兰瑟姆(Latham)等人在 1980 年提出[4]。情景面试基于"人的意图和设想是未来行为的有效预测指标"的假设。情景面试与行为面试的共同点是:两者都关注面试者在目标岗位可能遇到的典型情景时的表现,只是行为面试关注过去的实际行为,情景面试关注将来可能的反映。情景面试法是指在面试时给面试者一定的场景,观察其在面试中的行为表现。其旨在考察面试者具体的解决问题能力、语言表达能力、组织协调能力和人际关系处理能力等。情景面试时面试官通常会给出模拟实际工作场景的问题,此类问题可以了解候选人处理问题的方式和思路,不仅可以看出候选人的经验和水平,也可以检测出候选人处事风格是否与公司相符;也可能是事件排序类的问题,主要考查求职者在面对矛盾冲突时,是否能够思路明确、分清主次、合理取舍并进行清晰的表达。

从面试官的角度来说,面试由收集信息和预测绩效两个关键步骤组成,面试评分环节是预测绩效的部分。面试评分是面试的最后一道程序,其本质上是一个归纳、判断过程,这个判断是从应聘者在某个事件中做出了高绩效,推断出应聘者是否能够持续做出高绩效的过程。

16.2　面试技巧

16.2.1　面试准备

首先,要充分了解岗位要求、企业文化、相关产品等。这里需要对岗位的详细要求认真解读,比如有的岗位明确要求英语能力或者会使用某种软件,或者要有某特定行业的工作经验等。企业文化也很重要,有些企业比较商务,对于着装层次会有一定的要求。同时,企业文化还可能表现在是不是接受派遣外地、长时间出差加班,甚至是喜欢某项运动等。另外,最好能够对应聘企业的产品、市场行情、竞争对手等信息有一定了解。

其次，复习与工作相关的专业知识。这将帮助你更好地回答面试中遇到的专业问题。这项准备工作应该尽早开展，有些技术岗位对专业的要求很高，需要有良好的专业基础和能力。

再次，做足思想上的准备。做好充足的思想准备，保证在与面试官沟通时思维更加敏捷。同时要充分了解公司和职位信息，还要预想面试官可能会提出的各种问题，并且准备对应的答案和面试技巧。

最后，得体的着装及相关资料的准备。面试官会通过外表对你和你对这份工作的重视程度做出快速判断。不合适的着装，很可能会让你错失这次工作机会。穿着尽量商务、专业。面试时的着装，以较为沉稳的颜色为主，比如灰色、黑色、蓝色、棕色等。同时，对于所需要的纸质简历、个人作品相关材料证明的复印件，应提前准备好。

16.2.2　面试问题回答的基本原则

面试当天，准时到达面试地点，最好能够提前 5～10 分钟到达。面试过程中保持良好的姿态。一个良好的姿态能够表明你的自信与素养。坐着的时候后背挺直，清晰而洪亮地向面试官表达你的观点。回答问题简洁明了，尽量不要使用语气词。面试过程中展现自己乐观积极的态度，要充分表明你能够胜任这份工作。

在面试过程中，求职者经常会因为不了解面试技巧而导致所给出的回答不能够使面试官满意，最后得不到理想的分数。接下来，将针对如何解释工作成绩、介绍自己曾经参与过的项目以及如何说明自己能够努力实现工作目标等几个方面对面试问题的回答方式进行介绍。

1. 使用 SMART 原则[5]介绍你参与的一个具体项目的目标

SMART 由 Specific、Measurable、Attainable、Relevant、Time-based 的首字母组成，是制定工作目标时的要点。当求职者需要向面试官介绍自己在某个项目中的工作目标时，可以采用该项原则。

S 即 Specific，明确的，说明目标是具体的、明确的，不能笼统。所谓明确就是要用具体的语言清楚地说明要达成的目标。比如:将用户的满意度从过去的83％增加到85％,而不是笼统地写成增加用户满意度。

M 即,Measurable,可度量的,说明目标是可量化、可衡量的。应该有一组明确的标准作为度量是否达成目标的依据。

A 即 Attainable,可实现的,说明目标在付出努力的情况下可以实现,要避免设立过高或过低的目标。目标的设置要坚持大家参与、上下左右沟通,使拟定的工作目标在组织及个人之间达成一致。

R 即 Relevant,相关性,指实现此目标与其他目标的关联情况。如果实现了这个目标,但与其他的目标完全不相关,或者相关度很低,那么这个目标即使被达到了,意义也较为有限。

T 即 Time-based,有时限,说明完成目标要在特定的期限内。要根据工作任务的权重、事情的轻重缓急,拟定出完成目标项目的时间要求,定期检查项目的完成进度,及时掌握项目进展的变化情况,以便根据工作的异常情况及时地调整工作计划。

2. 用 STAR 原则介绍工作成绩

STAR 原则是一种常在面试中被使用的工具,是用于描述你在什么样的背景下通过什么样的行动做出了什么样的成果的法则,STAR 是 Situation、Task、Action 和 Result 四个英文单词的首字母组合。

STAR 法则第一步:Situation/Task,明确背景和任务。这里需要介绍的是任务类型、任务产生的背景及当时的情况。

STAR 法则第二步:Action,明确行动。这里需要给出现状分析,并给出针对当时的情况,你所采取的行动,进而证实你解决问题的能力和创新能力。

STAR 法则第三步:Result,说明结果。这里需要说明你所做的该项工作结果如何,可以用具体的数据和成绩来进行说明。并且指出从该工作中,你学习到了哪些东西,获得了怎样的经验教训。

3. 使用 PDCA 循环①[6] 说明自己如何持续努力实现工作目标

在面试过程中,若求职者被问到类似于怎样通过持续的努力来实现目标的问题时,求职者可以运用 PDCA 原则来进行回复。

PDCA 是英语单词 Plan(计划,制定目标和计划)、Do(执行,根据目标设计具体的方法,进行具体操作,实现计划中的内容)、Check(检查,总结执行计划的结果,分清哪些对了、哪些错了,明确效果,找出问题)和 Action(行动,对成功的经验加以肯定,对失败的教训加以重视,总结出新的方法,应用到下一步的行动中)的首字母,PDCA 循环就是按照这样的顺序进行持续优化的方法。计划制定是第一步,然后进行具体的执行,当执行完之后,还需要将执行结果和计划预期做比对分析,查找问题,看哪里需要调整,若存在问题,则找出什么地方需要改进,帮助下一次计划制定和执行做得更好。

16.2.3 常见面试问题

尽管各个单位的情况千差万别,但在面试中考察的问题却主要集中在忠诚度、实践能力等几个方面。

1. 忠诚度类问题

随着员工跳槽的情况越来越普遍,企事业单位往往会看重应聘者的忠诚度。尤其是一些国有大型企业,更为重视员工的忠诚度。面试过程中,经常被考查的忠诚度相关的问题如下,为什么要应聘我们单位? 你对我单位了解多少? 你为什么要选择这个岗位? 你的职业规划是什么? 为什么从原单位离职? 还去哪里面试了? 这些提问的目的都比较明确,除了看你为单位能够做什么是否有比较清晰的了解,还在考虑你对这家单位的忠诚度。接下来对这些问题给出相应的简要回答。

(1)为什么应聘我们单位? 可以从以下几个方面作答。可以介绍自己和此单位的渊源,比如面试某些制造公司,可以说自己喜欢该公司的某个产品;或者

---

① PDCA 循环是美国质量管理专家休哈特博士首先提出的,由戴明采纳、宣传,获得普及,所以又称戴明环。日本学者 Imai 在论文中指出,日本高管将 1950 年 JUSE 研讨会上的戴明环改称为 PDCA 循环。

介绍岗位对自己的吸引,这个职位的岗位职责和我的专业、兴趣、经验非常匹配,可以很好地发挥我的专业优势;单位的文化对自己的吸引,贵公司的人性化管理模式和工作氛围在业内广为流传,或者我觉得公司的价值理念很适合我;行业对自己的吸引,行业目前发展迅速,是朝阳行业,贵公司是该行业的领军企业等。

(2)你对我们单位了解多少? 在面试之前,要做好充分的调研和准备工作,这里的调研包括如下几个方面。你所应聘单位的发展状况:财报情况、融资情况、品牌曝光情况等;产品情况及市场占有率等;高管团队及组织架构。

(3)你为什么要选择这个岗位? 求职者在面试前应把应聘岗位职责和工作内容分析清楚,牢记在心。当面试官问起岗位相关问题时,求职者要能够用自己的话进行复述。求职者应该告诉面试官,选择这个岗位是自己深思熟虑的结果,你的兴趣、你的个性、你的专业技能都非常适合这个岗位。另外,你为从事这个岗位做了很多的准备。你可以通过语言、逻辑等,证明自己是一个有目标有明确规划的人,还可以简单谈谈你在这个行业的职业发展规划,以说明你的选择是理性的。

(4)你的职业规划是什么? 回复职业规划类的问题可从以下几个角度进行考虑。首先需要充分了解应聘单位的背景、现状与未来,在谈到规划时,可以适当地与公司发展相贴合。职业规划应着重考虑专业技能方面的提升计划和步骤,而不是仅仅在于职级提升。同时,要注意说明自己有长远规划的能力,但在表述中主要着眼于最近三到五年的规划即可,并说明自己当下会努力做好应聘的岗位。

(5)你为什么从前单位离职? 这里,首先要注意不能发泄情绪,不要对前单位有负面评价。另外,不要表达由于以下因素造成的离职:加班太多,避免被认为对工作不够积极;薪资太低,避免被认为看重利益;不能升迁,避免被认为工作能力不够。尽量少表达客观原因,离职要从自己发展的角度来找原因。针对这个问题,可以从个人发展和职业规划角度介绍,同时要展示出对原单位的感谢,表达自己积极向上、懂得感恩。如果上一份工作的离职理由确有不方便说明的,可以采用搬家导致交通不便等理由说明。

(6)你还去哪面试了? 这里最好实事求是地说明自己面试的其他公司及岗位,另外,其他同类的比较优秀的单位给你面试机会,也从侧面反映了你的能力。但这里要注意表达自己对这次面试很看重,可以表示自己最看重这次机会。

2.实践能力类问题

在注重学生学习成绩的同时,目前相当多的企业非常重视应聘者的实践经历。在校期间实习、兼职等的经验都是积累社会经验的好机会,也可以用于回答面试官的相关问题。

(1)行为化问题或情景化问题,比如你在学生会时组织了一场篮球赛活动,细节是怎么样的? 回答此类问题,求职者要注意使用好前面所讲到的 STAR 法则。根据实际情况对背景、任务、遇到的问题及采用的方法、从中获得的感悟等几个方面进行详细阐述。

(2)你没有相关经验,怎么匹配岗位? 这个问题的回答,应该建立在对所应聘岗位职责深入了解的基础上。这个问题的回答,主要是需要证明自己强大的学习能力和适应能力,以使面试官相信,你能够在短时间内胜任新岗位。首先,解析新工作的条件和需求,对照以往工作中可用的经验和能力。其次,告诉面试官,你针对该岗位做了哪些准备工作。最后,可以告诉面试官,你过去工作中的一些经验会为这个岗位带来哪些优势或好处。

(3)你所学习/从事的专业不是××,为什么转行? 这里,首先要向面试官传达你转换行业,并不是因为在当前专业的成绩或业绩不好,选择转行主要是基于兴趣或个人发展的角度考虑。接下来,需要告诉面试官,你的兴趣和个性都非常适合当前这个行业,选择转行是深思熟虑的结果。最后,需要传达的是,为了让自己能够快速胜任这个岗位,你已经做了充分的准备。

3.团队协作精神类问题

大型国企或知名的公司往往非常重视员工的团队协作精神。但在实际的面试中,面试官通常不会直接问到关于团队协作精神的问题。这就需要在其他问题的回答中,展现自己的团队协作能力。比如,介绍自己曾经组织或参加过的社会活动,在描述该活动的过程中,突出自己作为团队的一员,采取合作的态度进行工作,关注团队的整体目标,而非个人利益。

4. 人际交往能力和沟通能力类问题

有些岗位会对人际交往能力和沟通、协调能力更为看重。即使面试的是技术类岗位,也要求有基本的沟通能力。这里的沟通能力指以合理的论据来影响他人;针对不同对象,调整沟通方式方法;能够站在不同的立场思考问题,运用换位思考获得双赢的结果。人际交往能力则要求面试者能够在未来与同事、顾客和客户建立融洽关系,获得他人的支持和认同。下面举例说明此类问题的回答方式。

(1)你认为怎样的沟通才是有效的沟通?编者认为有效沟通需要具备以下三点。首先要有理有据,在和别人沟通之前要收集合理的事实和数据来支撑自己的观点,进而进行合理的准确的沟通。其次沟通要因人而异。每个人的性格特点及思维方式都不相同,要根据各人的特点采取不同的沟通手段。最后也是最重要的是要进行换位思考。不能只站在自己的立场上看问题,只考虑自己的利益和损失而忽视别人的感受。要能够站在别人的角度看问题,达到双赢。

(2)你有什么缺点?这是一个较难回答的问题,但是也要注意,不要给出类似"做事过于认真"等将优点说成缺点的回答。同时,也不要回答与工作完全无关的生活上的缺点及难以改善的、甚至和应聘岗位相冲突的缺点。正确的思路是,在诚恳的基础上,找一个确实存在的,但是你已经改善了或者是正在改善的缺点。这里需要向面试官传达的信息是,你能够客观认识到自己的缺点,并且具备积极改正缺点的行动和能力。

(3)你有什么要问我?这里不能够直接回答我没有问题了。同时注意,一定不能问可以在网上搜索到答案的问题。这里所做出的提问,应该是能够表现面试者积极上进、具有加入公司的强烈意愿的问题。比如,所应聘职位在贵单位的发展前景如何?晋升机制是怎样的?在什么条件下,可以获得晋升机会?所应聘的岗位需要几轮面试?若加入公司后,所在团队成员有多少人?目前团队的核心工作是什么?

16.2.4　面试总结

通常,我们对面试前的准备工作、面试中的技巧关注较多,但在面试后应当做些什么,反而被大家所忽略。任何一次面试都与前期的准备密切相关,而每次面试结束后的总结又为下一次的面试成功助力。因此,在每次面试后都应该及时总结,否则之前面试过程中所犯过的错误,还会影响后面的面试。但是,对大多数求职者来说,面试结束后会有所松懈,认为只要等消息就可以了。事实上,不管什么类型的岗位,虽然面试时遇到的问题多种多样,但都有其相通之处。对于求职者来说,每一次面试都应该是一次经验的积累,在面试后对自己的表现进行客观评价,分析自己对面试中问题的回答,哪些方面做得好,哪些方面没有做好,总结经验,吸取教训,才能帮助自己在未来的面试中获得成功。面试的总结可以从以下几个方面来进行。

(1)外表形象是否令面试官感到舒适、专业;是否足够自信、沉稳。

(2)面试过程中,你是否能够做到认真倾听对方讲话,是否和面试官建立了和谐、有效的沟通。

(3)回忆自己在面试过程中遇到的所有问题及自己的回答。深入思考,哪些方面表现得最好,哪些地方失误最多;关于面试官的提问,当时的反应是否恰当、准确、灵活,是否还可以做出更好的回答;对自己工作能力的申述是否充分、有条理、有例证;你计划要了解的情况是否都了解到了。

(4)言谈举止是否得体,是否注意礼貌,是否恰当地表达了自己的愿望和热情。

此外,面试结束后,除了被动地等待用人单位的回复,求职者也可以尝试采取一些积极行动。比如通过邮件或者微信,对面试官表达感谢,或者谈谈自己在面试中没有回答好的问题,做一些补充说明。字数不宜过多,重点突出即可。这样的主动反馈过程,不仅体现出求职者对用人单位的高度重视,也能展现求职者自我总结和提升的过程。

面试作为一种考查形式,就会有成功和失败。造成面试失败的原因可能是多方面的,在实际的面试过程中,求职者除了要掌握好的面试技巧,还要避免发生以下失误。

(1)准备不充分,自身能力或技术与岗位不匹配,不了解企业及岗位需求,或个人认识、或性格与企业文化不匹配。

(2)展现负能量,被偏见左右情绪,对原单位有太多负面评价,思维不够成熟,对薪酬过分看重。

(3)对自身能力、经验过分夸大,数据不实,缺乏有力支撑,或眼高手低,拒绝基础性工作。

(4)对未来没有明确规划,个人发展计划模糊。

小结

面试是对求职者表达能力、现场反应能力、专业能力、个性特质等素质的综合考量。在面试前,需要做好充分的调研和准备工作,面试过程中举止大方,衣着得体,提供有效、有力的信息向面试官证明你是合适的人选。

参考文献

[1] 李芝山.行为描述面试法[J].企业管理,2009(02):82-84.

[2] JANZ T . Initial comparisons of patterned behavior description interview versus unstructured interviews [J]. Journal of Applied Psychology, 1982, 67（5）:577-580.

[3] MCClELLAND D C. Testing for competence rather than for "intelligence"[J]. American Psychologist, 1973, 28(1):1-14.

[4] LATHAM G P, SAARI L M, PURSELL E D, et al. The situational interview [J]. Journal of Applied Psychology, 1980, 65(4):422-427.

[5] DRUCKER P F. The Practice of Management[M]. New York:Routledge, 2012.

[6] IMAI M, RANDOM H. Kaizen:The Key to Japan's Competitive Success[M]. New York:Random House, 1986:60.